Albert Dexelmann

Advent und Weihnachten

HERDER

GROSSE WERKBÜCHER

Albert Dexelmann

Advent und Weihnachten

Gottesdienste, Ideen und Modelle

Mit CD-ROM

HERDER

FREIBURG · BASEL · WIEN

In wenigen Fällen ist es uns trotz großer Mühen nicht gelungen,
alle Inhaber von Urheberrechten und Leistungsschutzrechten zu ermitteln.
Da berechtigte Ansprüche selbstverständlich abgegolten werden,
ist der Verlag für Hinweise dankbar.

© Verlag Herder GmbH, Freiburg im Breisgau 2011
Alle Rechte vorbehalten
www.herder.de

Umschlaggestaltung: Finken & Bumiller
Umschlagmotiv: himberry/photocase.com

Satz- und CD-ROM-Gestaltung: SatzWeise, Föhren
Herstellung: fgb · freiburger graphische betriebe
www.fgb.de

Gedruckt auf umweltfreundlichem, chlorfrei gebleichtem Papier
Printed in Germany

ISBN 978-3-451-34106-9

Inhalt

Vorwort – Weniger ist mehr

Es wird allseits zu viel Pseudoadvent getrieben. Wem sage ich das! Wir können es kirchlich nicht verhindern. Die Prioritäten, die die Schwestern und Brüder setzen, liegen vielleicht woanders. Ein Spannungsfeld tut sich auf. Du möchtest liebevoll und kreativ authentische Gottesdienste mit vielen Leuten gestalten. Impulse setzen gegen den Pseudoadvent. Aber kaum einer hat Zeit. Die stille Zeit wird hektisch. Deshalb sind alle Gottesdienstvorschläge so gestaltet, dass man die vorbereitungsintensiven Teile weglassen kann. Und trotzdem zu einem lebendigen und intensiven Gottesdienst kommt. Besonders die Elemente, die Kinder einbeziehen, lassen sich gut ein- und ausklinken. Eine vorgezogene Vorbereitung mancher Elemente im November kann hier entzerren und entlasten. Ja, auf einer Pfarrgemeinderatssitzung im Oktober dürfen schon Konturen des Advents angedeutet werden. Dabei möchte ich zum Auswählen anstiften. Ein Akzent, etwa die Evangelienprozession, genügt in einem Jahr vollständig. Wenn im Laufe der Jahre noch andere dazukommen (etwa das Ansingelied), dann könnte damit eine schöne Kultur von Gemeinderitualen entstehen und gepflegt werden. Die sollten für die Zukunft Oasen in der plattmachenden megagemeindlichen Versuchung zur Verwüstung sein. Wenn nur noch eine Christmette für fünf komplett unterschiedliche Gemeinden angeboten wird – dann kann das schnell zu liturgischen Kompromissen führen, in denen sich niemand mehr zu Hause fühlt. Oder aber jede Gemeinde hat ein kleines Element, das sie über Jahre gepflegt hat und nun in die gemeinsame Liturgie einbringt. Ein kleines Stück Heimat in der Vereinheitlichungswüste.
Oasengärtner am Rand von Wüsten sein – unsere adventliche Berufung. Ich möchte sie beschwören in der geschwisterlichen Gemeinschaft mit allen Moossuchern und Krippenbauern, Gedichtelernern und Flöterinnen, Beterinnen, Geheimnispflegern, Besuchern und Freudestifterinnen, Sängerinnen und Briefschreibern, Krippenspielern und Lichtkünstlerinnen, Vorlesern und Geheimnisbastlerinnen, Sternsingern und Bezugspersonen… Licht und Stille und leiser Klang auf dem Weg zur Krippe – weniger ist mehr!

Albert Dexelmann

Herzlichen Dank an
- Heinz-Toni Schneider für die musikalische Hilfe
- Irm Sachau für das Bild
- das Kindergartenteam Arfurt für die Hinweise zum Krippenspiel

Bevor es losgeht

Liebes Christkind …

… warum muss diese schöne Zeit immer
so laut sein?!

1. Briefwechsel mit dem Christkind

Ein etwas anderes Geleitwort

Liebes Christkind,

alle Jahre wieder wollen wir dir zuliebe Advent und Weihnachten gestalten, erleben, ja zelebrieren. Richtig schön und innig! Und da haben wir dann gleich ein Problem, pardon, ein Geschenk und eine große Gnade. Wir meinen die Stille.

Irgendwie war uns die ja immer schon wichtig, aber irgendwie ist es aber auch immer schiefgegangen, vergessen worden. Deshalb haben wir die große Bitte an dich: Hilf uns und unseren Gemeinden zur Stille auf dem adventlichen Weg.

Deine Adventsgestalter

Liebe Adventsgestalter/innen,

über euren Brief habe ich mich sehr gefreut. Ihr habt gemerkt, dass die Stille nichts ist, das sich am Ende irgendwie automatisch einstellt, wenn man alles wuselig vorbereitet hat. Genau deshalb schreibe ich euch - das mache ich nicht so oft - jetzt schon vor dem Advent. Denn, wenn ihr es wieder falsch einfädelt, dann habt ihr alle Jahre wieder - Weihnachtslärm, Weihnachtsgedudel, Weihnachtsgeräusper und viel von dem tönenden Erz, vor dem der Paulus im Korintherbrief warnt.

Hier gebe ich euch ein paar Tipps zur Kultur der Stille.

Ja, die Stille ist ein tolles Geschenk und eine große Gnade. Aber man muss aktiv Platz machen dafür, sonst wird dieses Geschenk unbedacht entsorgt wie der kostbare Ring mit dem Weihnachtspapier.

Sagt es immer wieder eurer eigenen Seele: »Ich will die Stille!«. Mindestens fünf mal im Advent! Und steckt Euch gegenseitig an damit. Indem ihr einfach still seid und indem ihr einen verschworenen Pakt schließt: Wir wollen die Stille. Steckt vor den Proben die Köpfe zusammen wie die Fußballer vor dem Spiel. Teilt die Anfangsstille und kräftigt euch darin. Und gebt euch immer wieder geheime, augenzwinkernde Signale zwischendurch, damit ihr sie auch durchhaltet. Jemand darf ruhig öfter mal sichtbar den Finger auf den Mund legen. Der Heilige Geist hilft Euch da bestimmt.

Wer immer Musik macht oder Texte spricht, soll wissen, dass die Stille vor seinem Tönen ganz wichtig ist. Vielleicht muss er sie üben wie ein Musikstück. Besonders um das gemeinsame Laut-Geben herum. Ob sein »Auftritt« gelungen ist oder nicht, das entscheidet sich genauso an seiner Stille wie an seinen Tönen. Also: Absprachen, Aufstellen, mit Noten Hantieren, Abtreten: alles in Stille. Eine Herausforderung an die Selbstdisziplin und das Vororganisieren – und ein Grund zur Freude, wenn es geklappt hat.

Rechnet mit Entzugserscheinungen. Du wirst ganz kribbelig, wenn's still wird. Räuspern und Hintern-Rücken bieten sich an. Ihr aber steht zusammen dagegen – für die Stille. Trainiert sie wie einen Sport: Stille. Für manche Menschen ist die Stille echt zu laut. Ihnen wird sehr ungemütlich dabei. Wenn ihr aus Barmherzigkeit mit ihnen Meditationsmusik vor den Gottesdiensten abspielt, dann tut es bitte unbedingt sehr, sehr leise!

Was ist, wenn's nicht funktioniert? Irgendeiner hat's nicht mitgekriegt – irgend etwas fällt herunter, die Stille ist im Eimer. Bitte, dann unbedingt ruhig bleiben. Vorwurfsknistern verbreitet keine echte Stille! Man kann aber auch vorher schon etwas dazu tun. Warum nicht vor einem adventlichen Event Schilder still herumtragen, wie in Taizé: »SILENCE | STILLE«?

Natürlich sind die Lobpreisungen vieler Weihnachtlieder keine stille Angelegenheit. Das darf volltönend und laut sein, soll sich aber in der Stille davor und danach bergen können.

Ein paar Tipps nur, die euch und mir dabei helfen, dass die weihnachtliche, gesegnete und erleuchtete Stille bei euch wohnen darf. Wenn ihr weitere Ideen dazu habt, dann freue ich mich. Wie flüstert's das Weihnachtslied? »Still, Still, still, weil's Kindlein schlafen will!«

In diesem Sinne wünsche ich Euch eine stille und gesegnete Advents- und Weihnachtszeit.

Euer Christkind

2. Leitmotive zur Adventsgestaltung

In den Geprägten Zeiten können besondere Rituale, die oft wiederholt werden, den Weg zum Fest spuren. Das kann der offene Gottesdienstbeginn sein. Da ist das klassische Adventskranzanzünden, das im Ansinglied vertieft wird. Und die adventliche Evangelienprozession zum »Ecce, Dominus veniet« in der deutschen Version. Das ist der sukzessive Aufbau der Krippe von Sonntag zu Sonntag. Da ist die Kommunionbegleitung durch Kerzenkinder und Kinderlektor: Kultivierte Stille darf auch ritualisiert werden. Diese Elemente sind allerdings nur dann hilfreich, wenn sie keinen zusätzlichen Organisationsstress verbreiten.

Offener Gottesdienstbeginn

Ein besonderes Adventsgeschenk macht ihr euch, wenn ihr den Gottesdienst aus der Stille heraus beginnt. Ohne feierlichen Einzug. Alle Liturgen schmuggeln sich stattdessen still und unauffällig einzeln in den Kirchenraum zu verstreuten Sitzplätzen. Erst, wenn innere Stille eingekehrt ist, gibt der Gottesdienstleiter ein Kopfnickzeichen zum Beginn. Dann stellen sich in Ruhe die Ansingekinder auf und singen responsorisch mit der Gemeinde. Kein Schellen zur Eröffnung! Nach dem Ansinglied erst gehen die Dienste zu ihren Plätzen und die Ansingekinder zurück. In der Überleitung zum Eingangslied kommt der Orgel dann ein wichtiger Part zu. Wenn das in aller Ruhe klappt, dann hat man den Anwesenden schon einen sehr großen adventlichen Dienst an der Seele erwiesen. Es folgt die Eröffnung mit dem liturgischen Gruß.

Ansinglied

(GL 115, Strophen passend)
Auch hier sollte man klären, ob in den Seelen und Terminkalendern der zelebrierenden Kinder und Erwachsenen überhaupt Platz für eine solche ambitionierte Gestaltung ist. Wenn ja, dann wäre das Ansinglied responsorisch zu üben und alles gut abzustimmen. Schön ist Flötenbegleitung. Der Küster sollte den Adventskranz vor dem Gottesdienst noch nicht

anzünden! Ein Messdiener, der groß genug ist, zündet die Adventskranz-kerzen synchron zu den Strophen so an, dass sie jeweils bei »Sehet …« brennen. Alles aus der Stille heraus als ein feierliches Ritual zelebrieren! Und zwar an jedem Sonntag. Wenn das alles zu aufwändig ist, dann wird man besser eine schlichte Gestaltung ohne viel Vorbereitung mit »nor-malem« Beginn vorziehen.

Liedruf und Evangelienprozession

Hier eine Übertragung des alten Introitus. »Ecce, dominus veniet, et om-nes sancti ejus cum illo. Et erit in dies illa lux magna halleluja.« Es lohnt sich, dazu zu googeln – man kann im Internet viele schöne Melodien als Anregungen finden.

»Sehet, kommen wird der Herr mit Macht. Und seine Heiligen all mit ihm. Und es wird sein an jenem Tage großes Licht. Halleluja.«

Der Kantor singt den Vers einmal vor, die Gemeinde wiederholt und singt den Vers danach noch zwei mal in aufsteigendem Ton. Dazu einen Umgang mit dem Evangeliar und Flambos.

Umgang in »Brezelform«, durch den Mittelgang nach hinten. Dort zum rechten Außengang nach vorne, dort zum linken Außengang nach hin-ten. Von dort durch den Mittelgang nach vorne, dann zum Ambo.

Der Liedruf kann auch ein Element nichteucharistischer Adventsgottes-dienste sein (Morgenlob, Rorate-Messe, Abendlob, etc.).

Bevor es losgeht

Motivische Krippengestaltung

Am 1. Advent steht nur ein Türstock in der leeren Krippenlandschaft, ein Hirte steht nah dabei.

Am 2. Advent wird die Verkündigungsszene (Maria und Engel) dargestellt.

Am 3. Advent kann man man einen Hirten als »Rufer« umwidmen, besonders, wenn er bewegliche Glieder hat. Oder das Johannesbild vom Gottesdienstvorschlag vergrößern.

Am 4. Advent die leere Krippe mit ein paar Hirten.

Rituale für Kinder

An zwei Ritualen können die Kommunionkinder schön beteiligt werden.

1. Begleitung des Allerheiligsten bei der Kommunion mit Kerzenkindern

Die Kinder werden mit dem Friedensgruß eingeladen, sich um den Altar zu scharen. Kommunionhelfer und ältere Messdiener zünden (dünne Taizé-) Kerzen für sie an (oder geben den ganz Kleinen eine Blume in die Hand.) Sie begleiten die Kommunionspender bei der Austeilung, auch zu den Kranken im Kirchenschiff. Gegebenenfalls sanft geführt durch die Hand des Kommunionhelfers auf der Schulter. Sie gehen mit bis zur Zurückstellung in den Tabernakel und machen dort mit dem Kommunionhelfer die Kniebeuge. Dieses Ritual kann in allen Eucharistiefeiern fest dazu gehören. Kommunionhelfer und große Messdiener können sich darum kümmern (Kinder abholen, Kerzen an den Altarkerzen anzünden).

2. Kommunionmeditation von einem Kinderlektor vorgetragen

Eine Hilfestellung für die Kinder, die die Kerzen halten. Soll ihnen helfen zu einem persönlichen Christusgespräch bei der Kommunion. Die Gemeinde darf ruhig mithören und mitbeten.

3. Vorbereitung der Adventszeit im alten Kirchenjahr

Präsente für die Krankenkontakte

Den Kindern gibt man im November die Aufgabe: »Malt auf eine Klapp-karte, die innen schon bedruckt ist, eine Tür, die ein bisschen offen steht. Es fällt Licht durch die Tür.« Innen ist ein adventlicher Gruß an die Kranken aufgeschrieben. Andere Kinder verzieren Briefumschläge dafür mit weihnachtlichen Symbolen.

Der Caritaskreis überlegt, wer in der Gemeinde krank ist und wer nicht aus dem Haus kommt, und adressiert Briefe an sie. (Man kann auch die Pflegenden mit einem Gruß bedenken. Die polnischen Hauspflegekräfte freuen sich über einen Gruß in ihrer Muttersprache.) Bei Gemeindegrößen über 2 000 Seelen liegt die Zahl der mit Grüßen Bedachten schnell über Hundert, incl. Altersheim und Blanco-Präsenten für spontane Besuche.[1]

Die Frauengemeinschaft bindet schlichte Tannenzweige als Türwillkommen zusammen und verziert diese. Das sind Mitbringsel zum Besuch.

Die Briefe werden am 1. Advent auf Tischen im Vorraum der Kirche so ausgelegt, dass die Adressen, nach Straßen geordnet, sichtbar sind. Caritasleute sind sofort nach dem Gottesdienst dabei und helfen bei der Zuordnung.

Motivische Krippengestaltung organisieren

Reichen die bisherigen Figuren und Elemente für eine neue Form der Gestaltung? Die frühzeitige Durchsicht des »Krippeninventars« kann auch mit einer Kindergruppenstunde verbunden werden: Wer ist alles vertreten, wer ist wer? Und wer oder was könnte noch fehlen? Hintergrundbilder, Landschaften, ein Türstock? Wer findet sich in der Gemeinde, der helfen könnte, neues Leben in die Krippe zu bringen? Ein

---

[1] Diese Aktion wird an Palmsonntag mit Palmsträußchen und an Erntedank mit gesegneten Früchten vom Erntedankaltar wiederholt. So versuchen wir, eine Antwort zu geben auf die Testfrage: »Kennt ihr die Kranken Eurer Gemeinde?« um damit Caritas in der (Gottesdienst-)Gemeinde zu verwurzeln. Die Seelsorger sollten in diese Vergewisserung unbedingt mit eingebunden sein.

Schreiner, den man zur Jugendgruppe einlädt? Ein Kunstlehrer, der anbietet, eine Unterrichtsstunde entsprechend zu gestalten? Schon lange bevor die Krippe steht, kann sie viel in der Gemeinde bewegen.

Den Liedruf vor dem Evangelium einüben

Der Liedruf kann in den Proben des Kirchenchors eingeübt werden, so dass die Sängerinnen und Sänger in den Gemeindegottesdiensten von ihren Plätzen aus als »Kerngruppe« für den Gemeindegesang wirken.

Vielleicht finden sich aber auch ein paar ambitionierte Sängerinnen und Sänger, die für die Adventszeit eine außerordentliche Schola bilden. Dies kann vor allem in Gemeinden, die keinen eigenen Kantor haben, nicht nur den Organisten entlasten, sondern auch zu einer ganz besonderen Wirkung der Wechselgesänge führen.

Kerzen bestellen

Rechtzeitig dünne »Taizé-Kerzen« bestellen für die Kerzenkinder bei der Kommunion. Manchmal findet man solche Kerzen auch in Blumengeschäften.

Aufruf zur Stille

1. Text für den Pfarrbrief
Man kann ihn zusätzlich an ein paar Stellen im Eingangsbereich der Kirche und im Schaukasten vergrößert aushängen.
Es lässt sich auch ein Lesezeichen für die Gesangbücher daraus gestalten. Die Messdiener können ihn zur Einstimmung auf die Adventszeit schon am Christkönigssonntag nach den Gottesdiensten verteilen.

> **Geschenk der Stille**
>
> Wir laden uns ein zu einem Advent, wie er sonst selten zu haben ist. Einem Advent mit ruhigen Momenten und stillen Minuten. Das ist gar nicht so einfach. Trotzdem machen wir es unverblümt: Stille halten.

Denn wir sind überzeugt, dass uns das näher an den Gottesadvent bringt.

Unsere Gottesdienste möchten wir aus der Stille heraus beginnen. Weil das für manche Menschen sehr unbequem ist, erklingt ganz leise Musik. Stille im Gotteshaus ist nicht der Feind unserer herzlichen Begegnungen. Die dürfen drinnen still abgehen und davor und danach gerne sehr lebendig. Sagen wir es innen unseren Aufgekratztheiten aber still und deutlich, dass sie jetzt nicht dran sind. Bitte, lasst Euch darauf ein. Freut euch mit uns darauf, die heilige Zeit so beseelt zu feiern. Machen wir uns das Geschenk der Stille.

2. Impuls für alle musikalischen Dienste

(Chöre, Instrumentalisten) und Lektoren[2].

Einen herzlichen Gruß allen, die Advent und Weihnachten gute Töne einbringen. Wir sprechen Euch besonders an, um in diesem Advent die Stille zu kultivieren, die unserem Singen und Musizieren gut tut. Leider geht diese Stille manchmal unbedacht kaputt. Doch das muss nicht sein. Da sind die Absprachen kurz vor dem Gottesdienst: Man kann fast alles schon in der Probe vor dem Gottesdienst regeln. Gönnt euch selbst die Stille vor dem ersten Gesang. Wir wissen um den Stress, dem Musiker im Advent ausgesetzt sind. Trotzdem: ein paar Minuten vorher am Platz zu sein, nicht bis zur letzten Sekunde hektisch herumzuwuseln – das hilft nicht nur einem selbst, ruhig zu werden, sondern auch der ganzen Gemeinde. Damit Absprachen nicht vergessen werden, haben sich schriftliche Stichworte in den Liedmappen bewährt. Außerdem gibt es auch noch viele mucksmäuschenstille Geheimzeichen, mit denen man sich zwischendurch helfen kann. Und was ist, wenn's trotz bestem Willen nicht funktioniert? Irgendeiner hat es nicht mitgekriegt – irgend etwas fällt herunter, die Stille ist hin. Bitte dann unbedingt ruhig bleiben. Vorwurfsknistern verbreitet keine echte Stille! Wenn wir es schaffen, in uns selbst Ruhe zu finden, dann strahlen wir diese auch aus – auch wenn mal etwas schiefgeht oder das Niesen nicht mehr zurückzuhalten ist. Denn: Echte Stille ist nicht allein in Dezibel messbar.

---

[2]   Diesen Text in die Proben geben. Und in jede Liedmappe einlegen.

Adventszeit

... psssst!

... Geschenk: Still werden.

4. Das Herz an der Tür

(Familien-)Gottesdienst zum Ersten Advent

Kurzablauf

Was?	Wer?
Offener Gottesdienstbeginn aus der Stille	. . . .
Ansingelied GL 115,1	. . . .
Eingangslied O Heiland, reiß die Himmel auf, 105,1–3	. . . .
Überleitung der Orgel	. . . .
Liedruf und Umgang vor dem Evangelium	. . . .
Erwachsenenpredigt oder **Kinderimpulse**	. . . .
Credolied »Ich glaube an den Vater«, Sing!, 31[1]	. . . .
Lied zur Gabenbereitung GL 114,1–2	. . . .
Sanctuslied GL 481, oder GL LM 803 Lass erschallen die Posaune	. . . .
Lied vor der Kommunion GL 114,3	. . . .
Kerzenkinder begleiten die Kommunion	. . . .
Kommunionmeditation	. . . .
Kommuniondanklied GL 107,4+5, oder GL LM 804 Meine Seele dank und singe	. . . .
Entlassungswort Sendung zu den Kranken	. . . .

---

[1]   Sing! Das Jugendliederbuch, Lahn Verlag

Krankenbriefaktion siehe Kapitel 14 bzw. Vorlauf im alten Kirchenjahr (S. 16). Die gestalteten Briefe werden hinten in der Kirche ausgelegt.

Offener Gottesdienstbeginn aus der Stille

Ansingekinder stellen sich am Adventskranz mit Blick zur Gemeinde auf.

Ansinglied

Wir sagen euch an, GL 115, 1–4
Responsorisch singen! Sonst ist es weder ein Ansagen noch ein Ansingen. Längeres, leises Nachspiel. Währenddessen gehen die Ansingkinder zurück. Erst dann gehen die liturgischen Dienste zu ihren Plätzen. Liturgische Begrüßung.

Einleitung

Heute ist ein Anfängertag. Das Adventslicht der ersten Kerze will uns zu Anfängern machen. Zu Menschen, mit denen Gott etwas Neues anfängt, die er anstiftet, anzündet. Spüren wir das Geheimnis des Anfangens?
Stille

Bußritus/Kyrieimpulssätze

- Mein Gott, das neu Anfangen geht gar nicht so einfach
- Der alte Trott will weitergehen
- Deine Erhellung geht nicht recht an uns, da gibt es manche Fehlzündung

Einleitung zur ersten Lesung

Wir hören die Wucht des uralten Rufes: Reiß die Himmel auf, o Gott.

Erste Lesung

Lied

O Heiland reiß die Himmel auf, GL 105, 1–3

Überleitung Orgel

Liedruf und Umgang vor dem Evangelium

Wenn die Kinderpredigtvariante folgt, dann werden die Kinder vor dem Evangelium angestiftet: Hallo, Kinder. Gebt bitte mal acht, was Jesus sagt. Er spricht einen Menschen an, der eine besondere Aufgabe hat. Einen besonderen Beruf. Den Beruf bitte gut behalten!

Evangelium

Mk 13, 33–37

Variante: Erwachsenenpredigt

Schwestern und Brüder,

Ich stehe an einer Kasse im Supermarkt. Beim Warten merke ich, wie sich die Kassiererin künstlich wachhält. Sie tut mir leid, das gibt Sand im Getriebe des Biorhythmus. Sie wissen, dass das in vielen beruflichen Anforderungen so geht. Vom Busfahrer bis zum Piloten, in der Fertigung, in der Verwaltung, in der Medizin, ständig wird eine ganz spezielle Wachsamkeit für Zahlen und genormte Vorgänge gefordert, die abartig werden kann. Die oberen Schichten unseres Wesens werden aufgekratzt und die tieferen Schichten ruhig gestellt. Der Bildschirm fordert dich ganz, die Kommunikation mit Gott und der Welt geht dann nicht mehr.

Wachet und betet. Ich meine, das heißt für viele Menschen: Setze der Bildschirmwachsamkeit ihre Grenzen, damit du die betäubte Herzensaufmerksamkeit wachrufst. Advent, ein Aufruf an alle, die Arbeit gestalten: Setzt der Apparatewachsamkeit gute Grenzen, damit sich die Herzenswachsamkeit entfalten kann.

Ja, wenn Jesus empfiehlt: Seht euch vor und wacht, dann will er uns in einen gedeihlichen Rhythmus einstiften, in dem die verschiedenen Schichten unseres Wesens ersprießlich abwechselnd zum Zug kommen. Denn es geht ja um die Mitte.

Die Bildschirme werden immer breiter. Das Lebenspanorama dehnt sich aus. Und irgendwo am Rand vermuten wir Gott. Wo Gott so am Rand bleibt, da ist das menschliche Wesen noch sehr verschlafen, mag es sich auch noch so munter und hektisch gebärden. Der Weckruf der Propheten ruft den Menschen wach und rückt Gott in die Mitte. Er sagt dem Menschen an: Du bist auf der Welt, weil Gott dich anspricht. Weil du ein Gesprächspartner Gottes bist. Weil deine Mitte nicht ein aufgekratzt hektisches Ich ist, sondern die Seele, die von Gott beim Namen gerufen ist. Das menschliche Wesen – zu seiner Mitte wachgerufen: Wachet und betet. Adventliche Existenz.

Schwestern und Brüder, das ist die Alternative:

Verpennte Existenz – die das Menschsein mit allen möglichen Sachen beschäftigt und dadurch die Seele einschläfert – oder hellwache, adventliche Existenz: Wo Gott seinen Brennpunkt im menschlichen Herzen und Bewusstsein hat. In dieser Alternative wird das Leben verwirkt oder gewonnen, verplempert oder sinnvoll. Eine haarige Alternative, wenn man die Müdigkeit der Seele bedenkt. Wem sage ich das!

Lassen wir uns gleich zu Beginn des Advents diesen Scheideweg von Jesus in Erinnerung rufen. Ja, auch mit seinem ganzen Ernst: Das Leben kann schiefgehen, es kann vermurkst, verplempert, verjuxt, vertrödelt, verpennt werden. Wenn wir alles treiben lassen. Verwirrung nennt das Jesus: Gebt acht, dass Rausch und Trunkenheit und die Sorgen des Alltags euch nicht verführen. Rausch, Trunkenheit. Na ja, das nehmen wir Jesus noch ab. Aber in den Sorgen des Alltags, da wollen wir doch von ihm gehätschelt werden, dass er sie auch gut versteht und so weiter. Ich denke, dass er uns an vielen Stellen heute sagt: Jammert nicht so viel auf hohem Niveau. Gewiss sollen wir auch dort kräftig mitmischen, wo Menschen von wildgewordenen Alltagssorgen aufgefressen werden. Zustände verändern, die Menschen darin ersticken lassen. Aber das ist nicht schon der Sinn des Lebens. Wir dürfen den Alltagssorgen nicht die Ehre antun, dass sie unsere Seele besetzt halten. Räumt die Alltagssorgen aus Eurer Mitte. Da gehören sie nicht hin. Das ist Verwirrung. In die Mitte, da gehört der herrliche Weckruf Gottes hin. Gegen die Verwirrung hat er deiner Seele ein Ohr gebaut. Mit kunstvollen Schneckengängen, die zur Mitte hin führen. Er teilt sich dir mit. Er ruft dich beim Namen. Dazu Rainer-Maria Rilke:

Wenn es nur einmal so ganz stille wäre.

Wenn das Zufällige und Ungefähre

verstummte und das nachbarliche Lachen,

wenn das Geräusch, das meine Sinne machen,

mich nicht so sehr verhinderte am Wachen:

Dann könnte ich in einem tausendfachen

Gedanken bis an deinen Rand dich denken

und dich besitzen (nur ein Lächeln lang),

um dich an alles Leben zu verschenken

wie einen Dank.

Ja, das Zufällige und Ungefähre und das nachbarliche Lachen sollen verstummen. Auf dass du wach wirst, das Haupt erhebst. Ja, Gott in die Mitte rücken. Dann blüht dein Leben auf in der Wachsamkeit der Liebe. Dann kriegt die Vision deines Lebens Farbe. Dann spürst du, wozu du auf Erden bist. Dann weißt du, wo du hingehörst.

Schwestern und Brüder. Der Kalenderadvent ist gefährlich. Das ganze Getriebe, das ganze Gesäusel – Hand aufs Herz, weckt es die Seele oder schläfert es sie eher ein?

Lassen wir uns im Advent nicht treiben. Sondern horchen wir auf. Rücken wir Gott vom Rand in die Mitte. Wo er hingehört. Da gibt es den schönen Adventstürchenkalender. Es gibt aber auch den schlimmen Adventsstresskalender: Vorbereitungen, Feiern, Besinnungen, Besuche und und und ... Da hilft nur Streichen. Gott in die Mitte rücken. Auch im Kalender. Wir haben deshalb den Adventsterminen nicht noch welche hinzugefügt. Ich nehme heute den Adventsstresskalender und streiche fünf Termine. Weihnachtsfeiern und Jahresabschlussessen. Ich flehe auch die Erwachsenen an, die Kinder nicht von Besinnung zu Besinnung zu jagen. Erbarmt euch der musikalischen Familien: Fünf Auftritte sind Mord für eine Kinderseele! Lasst doch die Senioren Schwätzchen halten auf der Weihnachtsfeier und dröhnt sie nicht zu mit mehr als einem Chorauftritt. Es ist schön, wenn wir uns die Zeit nehmen für die Sonntagsmesse und den Bußgottesdienst. Dafür können sie viel, viel streichen, von dem, was da auf dem Adventsstresskalender steht. Ja, sie haben richtig gehört. Bußgottesdienst. Ich weiß nicht, welche Einbildungen uns reiten, wenn wir unser Wesen so verschlafen fühlen: Ich mach' doch nix. Ich tu' doch keinem etwas. Was brauch' ich da umzukehren? Dazu kann ich nur sagen, was für Einbildungen, was für ein pharisäischer Dämmerzustand der Seele! Wachgerufen sein, das heißt auch, dass wir die ganzen alltäglichen Schäbigkeiten wahrnehmen, in denen unsere Seele auf den Hund kommt. Und das heißt auch, dass wir den Schneid haben, uns dem hier gemeinsam zu stellen. Ja, ausgesprochen als Sünder hier zusammenzukommen. Sünder, deren Seele wachgerufen ist in der göttlichen Barmherzigkeit. Und die darin aufblühen zu einem bewussten Leben. Zur Entfaltung der Liebe in Wachsamkeit und Gebet.

Wir stehen an einem Scheideweg. Rücken wir Gott in die Mitte. Gehen wir mit dem Herz an die Tür. Gehen wir den Weg von Wachsamkeit, Gebet und Liebe. Amen.

Alternative: Kinder-Dialogpredigt

Gottesdienstleiter:
Nun, welche Aufgabe hat Jesus besonders angesprochen. Das ist ja sogar ein Beruf, den er genannt hat. Wie heißt der? ... (Der Türsteher.)
Ein seltsamer Beruf. Ein Achtpasser an der Tür. Habt ihr auch behalten, was der Türsteher machen soll? ... (Wachsam sein).
Habt ihr zu Hause auch einen Türsteher? ... Natürlich keinen mit einer Dieneruniform. Aber ich behaupte mal, dass es bei Euch zu Hause so jemanden gibt. Der ist nämlich immer zuerst an der Tür, wenn's klingelt. Wer ist das bei Euch zu Hause? Wer ist manchmal noch schneller an der Tür als der Hund? ...
Also, ihr Kinder, ihr wisst doch, wie man auf die Tür aufpasst. Und was es bedeutet, wenn Jesus dem Türsteher sagt: Sei wachsam!

Ihr Kinder seid Experten für die Wachsamkeit des Türstehers. Erzählt uns bitte mal, wie das aufgeweckt geht.

Kindersprecher/in 1:
Ich spitze meine Ohren und horche genau hin, was die Leute sagen. Da haben manche einen ganz traurigen Ton in der Stimme. Wenn ich sie mir dann ansehe, dann merke ich manchmal, was ihnen fehlt. Und wenn wir ihnen ein bisschen helfen können, dann tut sich eine Tür für Jesus auf.

Gottesdienstleiter:
Da hast du sicher gute Freunde, die dir dabei helfen. Zusammen seid ihr sicher ein gutes Türhüterteam.

Kindersprecher/in 2:
Meine Freunde und ich, wir haben gemerkt, dass es Kinder gibt, die Weihnachten kaum feiern können. Niemand schenkt ihnen was. Für die packen wir ein paar Schuhkartons mit schön verpackten Geschenken. Die werden dann nach Rumänien gefahren.

Gottesdienstleiter:
So gibt es viele Möglichkeiten zu helfen. Man muss nur die Erwachsenen richtig ausquetschen, dann verraten sie schon, wo man etwas hinschicken kann. Dann tun sich Türen auf.

Kindersprecher/in 3:
Ich habe ein Geheimgebet, das bete ich jeden Tag. Das merkt keiner. Aber meine Seele bleibt wach, dass sie merkt, wenn Gott kommt.

Gottesdienstleiter:
Ja, das Beten. Das macht uns ganz gespannt für Gott. Du hat das Herz an der Tür für Gott.

Kindersprecher/in 4:
Ich kann gut horchen, ob die Töne stimmen. Flötenspielen und Singen – dabei tut sich etwas an der Tür zu Gott.

Gottesdienstleiter:
Ja, wer so horchen lernt, der merkt auch, was an der Tür der Liebe los ist, durch die Gott kommen will.

Ja, ihr Kinder und großen Leute. Ich habe nicht zu viel versprochen: Kinder sind ausgezeichnete Türhüter und Türsteher. Und wir dürfen uns mit ihnen abwechseln beim Wachen an der Tür. Besser Türhüter sein, als das Kommen Gottes zu verpennen.

Fürbitten

Gottesdienstleiter:
Liebender Gott. Jesus ruft unser Herz wach an die Tür. Wir bitten dich.

Lektor:
Für die Menschen, die keine Arbeit haben, dass sie Leute finden, die sie einigermaßen stützen und auffangen. Dass es uns aber auch gelingt, Arbeit und Muße gedeihlicher zu verteilen.

Fürbittruf

Wenn wir Lebensschicksale vergleichen, dann lass uns nicht verbittern über der scheinbar ungerechten Verteilung von Leid und Glück.

Fürbittruf

Für die Kranken, die durch Schwäche und Schmerzen an die Vergänglichkeit erinnert werden: Richte sie auf.

Fürbittruf

Wir bitten für unseren Bischof und alle, die im Bistum Verantwortung tragen um den Beistand des heiligen Geistes und Offenheit.

Fürbittruf

Verwurzele uns alle neu in deinen Zusprüchen, damit wir nicht aus der Spur Deines Reiches geraten.

Fürbittruf

Steh allen bei, die den Mut verloren haben und gib ihnen Kraft zum Warten und zum Wegbereiten.

Fürbittruf

Gottesdienstleiter:

Denn wir hören deine Stimme und erheben unser Angesicht dir entgegen, heute und auf deine Zukunft hin. Amen.

Credolied

Ich glaube an den Vater (Sing!, 31)

Lied zur Gabenbereitung

GL 114, 1–3

Sanctuslied

GL 481, oder GL LM 803 Lass erschallen die Posaune

Lied vor der Kommunion

GL 114, 4, 5

Kerzenkinder begleiten die Kommunion.

Kommunionmeditation

Wenn es nur einmal so ganz stille wäre.
Wenn das Zufällige und Ungefähre
verstummte und das nachbarliche Lachen,
wenn das Geräusch, das meine Sinne machen,
mich nicht so sehr verhinderte am Wachen:
Dann könnte ich in einem tausendfachen
Gedanken bis an deinen Rand dich denken
und dich besitzen (nur ein Lächeln lang),
um dich an alles Leben zu verschenken
wie einen Dank.

Rainer Maria Rilke

Oder

Kind als Sprecher/in:
Jesus, guter Freund.
Der Advent hat angefangen.
Es wird spannend an der Tür.
Du kommst uns entgegen.
Dass wir das Herz an der Tür haben!
Dass wir Ärger wegräumen.
Dass wir im Herzen zu dir sprechen.
Dass wir gut zusammenhalten.
Dass wir lieb sind zu den Schwachen.
So willst du mich:
Als einen Türhüter für dich.
Darauf freue ich mich.
Steh mir bei, damit das Licht, das wir heute angezündet haben,
hell in meinem Herzen strahlt.
Und mehr wird auf Weihnachten hin.
Amen.

Kommuniondanklied

GL 107,4+5, oder GL LM 804 Meine Seele dank und singe

Entlassungswort

Schwestern und Brüder. Das ist ein Türentag heute. Nicht nur wegen dem Adventskalendertürchen. Sondern wegen der vielen Türen, die sich öffnen sollen. Zu den Menschen hin. Und zu Gott hin.

(Die Kinder haben Türen gemalt. Und wir haben in diesen gemalten Brief einen Gruß geschrieben für alle, die nicht vor die Tür können, für alle, die Trost brauchen, für alle, die im Krankenhaus sind. Und für die, die Pflegen, ist da auch ein Brief drin. Von vielen wissen wir die Adresse. Die Briefe liegen hinten aus mit einem adventlichen Türzweig. Und jetzt bitte ich Sie alle ganz herzlich: Besinnen Sie sich auf die Türen Ihrer Nachbarschaft, Ihrer Straße, Ihrer Freunde. Hinter welcher Tür wartet jemand auf Trost, auf Kontakt? Ja, Sie sind wachsame Türmenschen und können mithelfen, dass Gott etwas aufschließt. Nehmen Sie ein, zwei Briefe und Zweige mit. Und überbringen Sie sie. Es sind auch nicht adressierte Briefe dabei. Gehen Sie mit einem solchen Besuchsgang in einen aufgeschlossenen Advent! Sie werden erleben: Ihr Herz kommt näher an die Tür. – Alle, die sich hier begegnen, sind in unseren Segen besonders eingeschlossen.)

Segen der Adventszeit

Messbuch 532

5. Gesegnet im Ursprung

Gottesdienst zum Fest Mariä Empfängnis

Im Bild der unbefleckten Empfängnis ist das endlose Zurückfragen nach den Ursprüngen erlöst. Man kann das Fest schön feiern in einer Rorate-Messe, nur mit Kerzenlicht.

Kurzablauf

Was?	Wer?
Offener Gottesdienstbeginn aus der Stille	. . . .
((Ansingelied, GL 115, 1+2))	. . . .
Eingangslied O Heiland, reiß die Himmel auf, 105, 1–3, oder Meine Seele dank und singe GL LM 804	. . . .
Einleitung	. . . .
Kyrie GL 103	. . . .
Zwischengesang Maria durch ein Dornwald ging www.lieder-archiv.de oder wikipedia	. . . .
Liedruf (und Umgang) vor dem Evangelium Sehet, kommen wird …	. . . .
Meditationsimpuls	. . . .
Credo gebetet GL 447	. . . .
Lied zur Gabenbereitung GL 108, 1–2	. . . .
Sanctuslied GL 108, 5 oder GL LM 803 Lass erschallen die Posaune	. . . .
Lied vor der Kommunion GL 114, 1–3, 7	. . . .

Was?	Wer?
Kerzenkinder begleiten die Kommunion	. . . .
Kommunionmeditation	. . . .
Kommuniondanklied GL 107,4+5, oder GL LM 805 Maria sei gegrüßet	. . . .

Vorbereitung

Mittengestaltung vor dem Altar oder in der Krippenlandschaft, die schon aufgestellt ist. Eine große Wurzel auf einem violetten Tuch. Ein Barbarazweig. Eine Kerze. – Auf einem weißen Tuch Laborutensilien, Skalpell, Pinzette, Kautschukhandschuhe. Sparsame und sensible Beleuchtung.

Offener Gottesdienstbeginn aus der Stille (vgl. S. 13)

Ansingelied

GL 115,1+2

Eingangslied

O Heiland, reiß die Himmel auf, 105,1–3, oder Meine Seele dank und singe GL LM 804

Einleitung

Mariä Empfängnis. Was ist unser Lebensursprung? Die Vereinigung zweier Zellen, die im Labor nachgestellt wird. Oder das Geheimnis der Empfängnis? Wenn wir uns in den Lebensanfang als Geheimnis zurückstaunen, dann schauen wir den Ursprung in einem gedeihlichen Anmutungslicht. Nicht im dem Licht der grellen Künstlichkeit.

Kyrie

GL 103

Zwischengesang

Maria durch ein Dornwald ging

Liedruf (und Umgang) vor dem Evangelium

Sehet, kommen wird ... (siehe S. 14)

Meditationsimpuls

Kinder sind große Theologen. Sie fragen immer wieder zurück: Was war davor? Und was war davor? Und was war davor? – Dieses Rückfragen gehört zu den Wurzeln des Religiösen. Die Seele will es wissen. Sie will sozusagen die Wurzeln der menschlichen Existenz freilegen. Was ist unser Ursprung? Frühkindliche Erfahrungen? Geburt? Schwangerschaft? Zeugung? Da sind spannende Entdeckungen angesagt. Mit jeder Rückfrage tut sich ein Geheimnisraum auf. Aber auch dunkle Ahnungen: Ist nicht an der Wurzel etwas faul?

Da ist auch das wissenschaftliche Zurückfragen. Unsere biologischen Ursprungselemente werden freigelegt: Chromosomensätze und ständig kleinere Ursprungsteile. Die biologischen Ursprünge werden in allen Nischen erhellt. Immer weiter wird zurückgefragt. Immer neu werden die Winzigkeiten voneinander getrennt und neu aufgemischt. Unsere Seele fragt sich: Sind das deine Ursprünge? Steril? Im Neonlicht? Kalt und freigelegt? Unser Wesen ahnt: Das Freigelegte kann Schaden nehmen. Die nackte Wurzel vertrocknet und verfault.

In unserem Rückfragen zu den Anfängen spannt sich ein Gegensatz aus: Da ist der dunkle, warme Ursprungsraum des Vertrauens, oder der helle, künstliche Raum der zergliedernden, wissenschaftlichen Analyse, der Produktion im Labor.

In dieses Spannungsfeld fragt sich die christliche Heilserfahrung zurück. Zuerst ist die Ostererfahrung vom erlösten Leiden und Tod Jesu nach der Verheißung. Von dort wird nach dem Ursprung Jesu zurück gefragt. Und die Weihnachtserzählungen geben Antwort: Schon in seiner Geburt leuchtet das heilende Erlösungslicht auf. Das Unbewusste des Glaubens fragt noch weiter zurück: Auch sein verborgener Lebensanfang ist heil gemacht. Die Empfängnis Jesu: Befreit von der Bosheit aus all den menschlichen Generationen. Im wunderbaren Bild der Verkündigung durch den Engel.

Das Fragen geht noch weiter: Und Maria, die diesen Lebensanfang Christi erfahren und geborgen hat, was ist mit Maria selbst? Die Antwort des Glaubens ist: Maria ist von Gott eingetaucht in den heilen Lebensursprung. In Maria ist die Menschheit befreit von der Fäulnis der Wurzel. Der Ursprung Mariens. Mariä Empfängnis. Bis dorthin legt das Glaubensfragen sozusagen theoretisch Schicht für Schicht die Wurzel frei. Wohl wissend, dass eine freigelegte Wurzel vertrocknet und eingeht. Praktisch aber vertraut unsere rückfragende Marienmeditation den tiefen Wurzeln in dem Dunkel des starken, unbewussten Glaubensvertrauens. Schluss mit dem Rückfragen. Du darfst der Wurzel trauen. Die Wurzel tief im heilsamen Ursprungsdunkel wurzeln lassen. Und das Fest preist es jubelnd: Die Wurzel ist geheilt. Das von der Sünde angefaulte Menschsein ist neu verwurzelt im mütterlichen Grund der göttlichen Gnade. Lass das Rückfragen zur Ruhe kommen im Vertrauen in diesen Grund. Von guten Mächten wunderbar geborgen.

Mariä Empfängnis: Wir brauchen den Mutterboden des Menschseins nicht weiter aufzuwühlen, wir brauchen den Ursprung nicht totzufragen mit der wissenschaftlichen Analyse. Wir dürfen dem allerkleinsten und allertiefsten Ursprung trauen: Er ist gut. Gut gemacht und geheilt vom Erlösungshauch Gottes und seiner Erlösung. Mariä Empfängnis.

Schauen wir auf Maria. In unserer Seele ist ein Urbild von ihr tief und heilsam vergraben. Lassen wir uns anmuten vom Geheimnis des geheilten Ursprungs. Gründen wir uns ersprießlich in aller unbewussten Tiefe. Schütten wir guten Grund an die freigelegten Wurzeln unseres modernen Daseins. Das Fest der unverdorbenen Empfängnis Mariens schenkt uns diesen Lebensgrund.

So dürfen wir Wurzeln ziehen in geheilter Tiefe. So dürfen wir dieser Tiefe trauen. So dürfen wir aus dieser Tiefe die Liebe aufsaugen. Dann von daher knospen und sprießen, blühen und Frucht bringen. Maria Empfängnis. Das Geheimnis des geheilten Tiefengrundes. Grund der Seligkeit.

Credo

gebetet GL 447

Fürbitten

Gottesdienstleiter:
Gott des Lebens. In deinem erwählten Sohn heilst du die Wunden der ganzen Schöpfung. Von Christus ist der Ursprung Mariens geheilt. Wir bitten dich:

Lektor:
Für alle Menschen, die mit dem Ursprung des werdenden Lebens zu tun haben. Um große Ehrfurcht und Sensibilität.

Fürbittruf

Segne die Frauen, die in guter Hoffnung sind.

Fürbittruf

Heile die Seelen aller, die ihren eigenen Lebensursprung mit Gram erinnern.

Fürbittruf

In unserer Gesellschaft soll der Ursprung des Lebens geschützt sein.

Fürbittruf

Sei du das Licht auf unserem Adventsweg.

Fürbittruf

Öffne unsere Augen und Herzen für den Advent der Mühseligen und Beladenen.

Fürbittruf

Gottesdienstleiter:

Denn in Maria ist die Wurzel geheilt. Du hast Großes an ihr getan. So preisen wir dich selig mit allen Geschlechtern durch Christus unseren Erlöser und Heiland.

Lied zur Gabenbereitung

GL 108, 1–2

Sanctuslied

GL 108,5 oder GL LM 803 Lass erschallen die Posaune

Lied vor der Kommunion

GL 114, 1–3, 7

Kerzenkinder begleiten die Kommunion.

Kommunionmeditation

Schauen wir auf Maria. In unserer Seele ist ein Urbild von ihr tief und heilsam vergraben. Lassen wir uns anmuten vom Geheimnis des geheilten Ursprungs. Gründen wir uns ersprießlich in aller unbewussten Tiefe. Schütten wir guten Grund an die freigelegten Wurzeln unseres modernen Daseins. Das Fest der unverdorbenen Empfängnis Mariens schenkt uns diesen heilen, fruchtbaren, gesegneten Lebensgrund.

Kommuniondanklied

GL 107,4+5, oder GL LM 805 Maria sei gegrüßet

Segenswort

Der allmächtige Gott segne und erneuere euch in eurem tiefsten Ursprung.
Er lasse euch fühlen, dass die Menschheit aus der Tiefe geheilt ist.

Alle: Amen

Das Christusleben ist euer Segen. Er heilt und leuchtet
bis in den Ursprung Mariens zurück.
Und segnet eure Früchte der Liebe.

Alle: Amen

Sein guter Geist erleuchte unsere Tage.
Auf dass wir geistvoll mit den Lebensursprüngen umgehen.

Alle: Amen.

So segne uns (Euch) der gütige Gott, der Vater und der Sohn und der Heilige Geist.

Alle: Amen

Gelobt sei Jesus Christus

Alle: In Ewigkeit Amen.

Maria mit dem Kinde lieb.

Alle: Uns allen deinen Segen gib. Amen.

6. So nehmet euch eins um das andere an: Begegnung

Gottesdienst zum Zweiten Advent

Kurzablauf

Was?	Wer?
Offener Gottesdienstbeginn aus der Stille	. . . .
Ansingelied, GL 115,1+2	. . . .
Eingangslied GL 116,1+2	. . . .
Bußritus	. . . .
Liedruf und Umgang vor dem Evangelium	. . . .
Erwachsenenpredigt oder **Kinderimpulse**	. . . .
Credolied »Ich glaube an den Vater«, Sing!, 31	. . . .
Fürbitten	. . . .
Lied zur Gabenbereitung GL 116,4,5, oder: Maria durch ein Dornwald ging	. . . .
Sanctuslied GL 116,6	. . . .
Lied vor der Kommunion GL 107,1,4	. . . .
Kerzenkinder begleiten die Kommunion	. . . .
Kommunionmeditation	. . . .
Kommuniondanklied GL 106,1+5	. . . .

Vorbereitung

Den Antwortpsalm mit einem plausiblen Kehrvers auf einen kleinen Zettel drucken. Vielleicht außen mit einem schönen Verkündigungs- oder Heimsuchungsbild.

Aufschluss

Liebe ist die Seele des Adventsweges. Mit ihrem Zauber, der in die Adventsrituale eingewirkt ist. Mit ihrer praktischen Seite. Und mit ihrer Zukunftsorientierung. Diese Begegnungen erschließen das Kraftfeld des Gottesdienstes. Hier wäre eine Gelegenheit, das begegnende Psalmbeten oder -singen als festen Bestandteil der Sonntagseucharistie einzuführen.

Ansingelied (siehe S. 13)

GL 115, 1+2
Man kann synchron zu den Strophen die Kerzen anzünden, so dass bei »Sehet« genau die erste und danach die zweite Kerze gerade entzündet ist.

Einleitung

Eine Woche Advent liegt hinter uns. Hoffentlich war es ein beseelter Anfang. Wie gut tun uns vertiefte Begegnungen in diesen Tagen. Halten wir das Stichwort Begegnung fest. Es ist ein Wegweiser in den Rhythmus der göttlichen Liebesimpulse.

Bußritus

Gott, wie schnell verrinnt die Zeit. Jeder Tag eine Chance zur Begegnung in Liebe. Nicht immer haben wir sie genutzt.

Es fällt uns schwer, scheinbare Verpflichtungen loszulassen.

Die Ansprüche des Wohlstands sind zäh.

Die Verknüpfung mit den Armen ist noch lose.

Tagesgebet

Lesung

Zwischengesang

Der Psalm aus dem Lektionar wird vom Zettel responsorisch gebetet oder gesungen. Der Kantor sollte, wenn das für die Gemeinde neu ist, unbedingt das Pausenzeichen als Atemzeichen in der Mitte der Verse erläutern. Wenn der Kirchenchor dies als Kerngruppe schon geübt hat, klappt es gut. (Dieses Psalmbeten oder -singen sollte dann der Normalfall und nicht der Ausnahmefall sein und in der Advents- und Weihnachtszeit durchgehalten werden. Für die Folgesonntage werden Psalmen aus dem Gotteslob angeboten.)

Kehrvers:

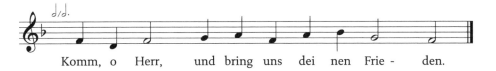

Komm, o Herr, und bring uns dei nen Frie - den.

Ich will hören, was Gott redet: /
Frieden verkündet der Herr seinem Volk und seinen Frommen, *
den Menschen mit redlichem Herzen.
    Sein Heil ist denen nahe, die ihn fürchten. *
    Seine Herrlichkeit wohne in unserm Land.

Kehrvers

Es begegnen einander Huld und Treue; *
Gerechtigkeit und Friede küssen sich.
    Treue sprosst aus der Erde hervor; *
    Gerechtigkeit blickt vom Himmel hernieder.

Kehrvers

Auch spendet der Herr dann Segen, *
und unser Land gibt seinen Ertrag.
    Gerechtigkeit geht vor ihm her, *
    und Heil folgt der Spur seiner Schritte.

Kehrvers

Ehre sei dem Vater und dem Sohn *
und dem Heiligen Geist,
      wie im Anfang, so auch jetzt und alle Zeit *
      und in Ewigkeit. Amen.

Kehrvers

Liedruf vor dem Evangelium

Sehet … (mit Umgang, vgl. S. 14)

Predigt

(Der Text zwischen den Sternchen ist ein zusammenfassender Impuls: *Begegnung*. Er sollte langsam vorgetragen werden, die Schrägstriche zeigen längere Sprechpausen an.)

Liebe Christen,

Warum beten wir Psalmen? Diese alten, rhythmischen Lieder eines Nomadenvolkes? Es gibt doch neuere, fetzigere, mit eingängigeren Melodien. Wie oft höre ich die Einwendungen: Das ist nicht unsere Sprache, das ist nicht unsere moderne Welt, also haben wir ein Recht, uns dabei zu langweilen und sie möglichst bald loszuwerden.

Nun, am Ende ginge es uns im religiösen Bereich womöglich wie bei der Wohnungseinrichtung: »Hätt' ich doch dieses tolle Vertico von Oma nicht vor 20 Jahren auf den Sperrmüll getan, meine Tochter könnte das jetzt so gut brauchen!«

Trauen wir uns das Psalmbeten als ein wunderbares, altes Schmuckstück unserer Kirche zu kultivieren. Da sind Schätze verborgen.

Hier drei zusätzliche Gründe dafür:

1. Psalmbeten eint uns mit dem Judentum. Eine der schlimmsten Wunden der Vergangenheit wird hier geheilt: Wir dürfen an einem aufblühenden Ast knospen, nachdem der Christenheit das Psalmbeten im Holocaust verdorrt war. – Das jahrtausendelange jüdische Adventshoffen auf den Messias hilft uns auch, aus der platten Selbstverständlichkeit he-

raus, mit der wir den Erlöser locker vereinnahmen. Wie etwas, das uns zusteht. Nein, Bangen und Wachen, Flehen und Beten des Judentums sind nicht überholt und verstummt, sondern machen sozusagen die Grundmelodie aus, auf der sich das Christusleben aufbaut. Wenn Sie in einem Kloster etwas mitbekommen von dem Rhythmus der tragenden Impulse, dann haben Sie gleich die Psalmen im Ohr.

2. Psalmbeten eint uns mit den anderen christlichen Konfessionen. Gehen sie in einen evangelischen Gottesdienst. In die evangelische Kommunität Casteller Ring, nach Taizé, zu den Baptisten oder zu den Methodisten: Überall werden Psalmen gebetet. Hören Sie sich in die orthodoxe Liturgie hinein, in die vielen verschiedenen schwarzen Kirchen in Übersee. Psalmen werden überall gebetet. Der Herr ist mein Hirte ... Aus der Tiefe rufe ich ... In deine Hände befehle ich ... Psalmbeten ist ein Lebensstrang der Ökumene. Unser katholisches Selbstbewusstsein ist eine Stimme in diesem wunderbaren vielstimmigen Konzert. Einer ruft's dem anderen zu. – Begegnung.

3.Nicht das Solobeten ist die Grundform und auch nicht das Massebeten, wo alle unisono sprechen, sondern das Begegnungsbeten, wo es einer dem anderen zuruft. Vorbeter und Gemeinde, die eine Gemeindehälfte und die andere. Ein herrlicher Grundrhythmus im christlichen Miteinander. (Wir nehmen uns diesen Advent, um wieder besonders hineinzufinden in diesen Grundrhythmus. Um uns sozusagen zu takten in den Zuruf der Hoffnung über die ganze Welt.)

Schauen wir diesen Psalm an, dessen 6 Verse uns heute angesagt sind.

Ein Schlüsselwort finden Sie im Vers 11: Begegnung. »Es begegnen einander Huld und Treue.«

Das Kernwort Begegnung. Damit es nicht zu schulisch wird: Legen Sie den Liedzettel zur Seite. Sie können die Augen zumachen. Lassen Sie ihre Lebensbegegnungen vorbeiziehen vor dem inneren Auge.

* Sie wissen es selbst, dass Religion Begegnung ist. Dass Wesen einander begegnen: Aufgeschlossen werden füreinander. / Aufeinander zugehen. / Ansprache geben und Rücksprache. / Miteinander erfahren, dass ein Funke überspringt. / Der Kern ist Begegnung. / Der ganze Kosmos. / Pflanzen, Tiere und Menschen: / Alles ist auf Begegnung hin geordnet. / Alles findet durch Begegnung zum Heil. / Menschenbegegnung. / Gottesbegegnung. / Der Kern des Heils. In Ihrer Seele hüten Sie einen

großen Schatz dieser Begegnungserfahrung, dieser Begegnungserwartung, / dieser Begegnungsfreude, / dieser Begegnungslieder, / dieses Begegnungssegens. So nehmet euch eins um das andere an, wie es uns die beiden Kerzen am Adventskranz weisen. Begegnung als Grundrhythmus des Menschseins. *

Und das ist auch der Grundrhythmus der Psalmen. Schauen wir in unsere Psalmverse:

»Ich will hören, was Gott redet.« – Gott spricht die Menschen an. Die horchen auf den Zuspruch. Vertiefen ihn in der Seele und in ihrem Miteinander. Vers 10: »Sein Heil ist denen nahe ...«

In der Mitte kommt dann zusammen, was zusammen gehört: Huld und Treue, Gerechtigkeit und Friede und die ganze Natur sind Ausdruck dieser Begegnungen. Dieses schöne Bild: Gerechtigkeit und Friede küssen sich. In unserem begegnenden Beten kann das geschehen.

Begegnung – halten wir das für heute fest. Und, wie sich das im Psalmbeten darstellt: Einer ruft es dem anderen zu.

Das ist ganz wichtig, das ist sozusagen das Grundgesetz all unserer Gottesdienste: Mindestens zwei sind's und einer ruft's dem andern zu. Preisender Dialog kann man auch dazu sagen. Impulstakt der Liebe.

Darin ist ganz tief in unserem Lebensfundament die Begegnung mit Gott. Dass wir die Spuren verstärken, in denen wir ihm begegnen. Uns aufmachen in die kommende Begegnung hinein. Uns drauf freuen in der adventlichen Sehnsucht.

Begegnung. Das ist Advent. Dass ersprießliche Begegnungen stattfinden. Gute Worte gesagt werden und gehört werden. Und weiterverbreitet werden. Durch Ruf und Zuruf.

(Mit Bezug auf den Gottesdienst vom ersten Advent: Vom ersten Adventsgottesdienst habt ihr viele Briefe und Türkränze zu den Kranken mitgenommen. Eure Füße und Herzen haben die Begegnungserfahrung aus diesen Besuchen. Sie schwingt mit in Zuruf und Antwort.)

Begegnungsmensch sein. Das geht nicht immer nur von selbst. Dazu muss ich mich auch bekehren. Von einem »Was bringt's-mir«-Wesen zu einem Begegnungswesen. Gott stiftet viel an in diesem Advent. Ein wunderbares Bild ist die Heimsuchungsbegegnung der jungen Maria mit der alten Elisabeth, beide schwanger, wo die Ungeborenen vor Freude hüpfen.

Werfen wir uns diese Bälle ersprießlicher Begegnungen zu.

Das Psalmbeten ist ein guter Impuls dazu. Begegnen wir einander betend mit Freude.

Credolied

»Ich glaube an den Vater«, (Sing!, 31) oder: »Wo die Güte und die Liebe« (GL LM 872)

Fürbitten

Gottesdienstleiter:
Herr, Jesus Christus, vorweihnachtlicher Unsinn macht sich breit. Deine Verheißung aber ist ausgerufen über uns, dass es gelingt, der Liebe einen Weg zu bahnen: für Begegnungen, für die Mühseligen und Beladenen, für dein Kommen. So bitten wir dich:

Lektor:
Die Freude geht uns manchmal verloren. Erneuere uns aus der Freude, die du uns versprochen hast.

Fürbittruf

Entfalte das konfessionsverbindende Beten in unseren Herzen, in unseren Familien, in unseren Gemeinden.

Fürbittruf

Betet mit mir für alle, die ihre Stimme einbringen in unser Miteinander: Die Sängerinnen und Sänger, die Lektoren und Vorbeterinnen, die Prediger und alle, die beherzt mitsingen und mitbeten. Lasst uns unseres Lebens froh werden in der Berufung, Stimme zu sein.

Fürbittruf

Betet mit mir für die Frauen, die guter Hoffnung sind.

Fürbittruf

Viele sind ein Berufsleben lang unterwegs: Die Fernfahrer, die Schiffer, die Bahnleute, die Taxifahrer, die Piloten und viele Reisende. Segne ihre Fahrten und Wege.

Fürbittruf

Wenn uns Träume zerbrechen, neigen wir dazu, die Welt der Hoffnung zu vergessen. Rühre uns neu an, damit Bitternis uns nicht den Sinn des Lebens vergällt.

Fürbittruf

Die Kranken, die wir besucht haben, vertrauen in unser Gebet.

Fürbittruf

Gottesdienstleiter:
Denn in heilsamen Begegnungen will dein Reich kommen. Fülle sie mit dem Wachstum der Liebe heute und alle Tage unseres Lebens.

Lied zur Gabenbereitung

GL 116, 4, 5

Sanctuslied

GL 116, 6

Zum Friedensgruß

Zuruf und Begegnung im Beten. Das hat seine Entsprechung in der Art und Weise, wie wir miteinander umgehen. Die beiden Adventskranzkerzen sprechen uns davon: So nehmet euch eins um das andere an. Ein wunderbares, adventliches Friedensprogramm.

Lied vor der Kommunion

GL 107, 1, 4

Kerzenkinder begleiten die Kommunion.

Kommunionmeditation

Kinderlektor:
Jesus, guter Freund.
Nun liegt eine Adventswoche hinter uns.
Ich will dir still sagen, was ich schon alles erlebt habe: ...
Ich bin vielen Menschen begegnet.
Ich sage dir die Namen
von denen, die ich gern habe: ...
Segne unsere Begegnungen.

Kommuniondanklied

GL 106, 1+5

Alternativ: Impuls für Kinder

Vorbereitung:
Blinkherzen besorgen. Pantomime am besten mit 4 Kinderpaaren einüben. (Erwach-
sene dürfen auch mitmachen, besonders gut wird im vierten Abschnitt die Maria von
einer Schwangeren dargestellt). Besonders das geheime Anknipsen der Blinkherzen
üben.

Gottesdienstleiter:
Ich kenne einen schönen, geheimnisvollen Adventssatz. »So nehmet
euch eins um das andere an, wie auch der Herr an uns getan.«

Kantor:
So nehmet euch eins um das andere an, wie auch der Herr an uns getan.

Alle: Freut euch, ihr Christen ...

Gottesdienstleiter:
Ja, das ist eine wunderbare Kunst, dass sich eins um das andere annimmt. Schauen wir mal, wie das geht.

Pantomime

(Jeweils zwei Kinder sind so im Raum verteilt, dass Entfremdung sichtbar wird. Auch durch Gestik und Mimik zeigen sie, dass sie erst mal nichts miteinander zu tun haben. Die Sprecher erklären die Szene. Beide haben sichtbar Blinkherzen an, die zunächst ausgeschaltet sind.)

Lara motzt in der einen Ecke.

Sprecher 1: Lara ist ein wenig zickig. Weil die Mama nicht mit ihr ins Spielzeugland gefahren ist, um Barbies fürs Christkind auszusuchen. Sie soll Flöte üben. Da fällt ihr die Frau Radermacher aus der Nachbarschaft ein.

Frau Radermacher tritt auf und sitzt in der anderen Ecke.

Sprecher 2: Frau Radermacher hat ihren Mann verloren. Die Kinder sind weit weg. Im Advent muss sie viel weinen. Sie zieht sich ganz zurück und wird immer sonderbarer.

Sprecher 1: Nach einer Motzzeit hat Lara eine Idee. Sie könnte ja der Frau Radermacher helfen, dass sie nicht so traurig ist. *(Lauras Blinkherz fängt an zu blinken.)* Sie ruft ihre Freundin an. Beide wollen sie mittags zur Frau Radermacher gehen und ihr ein Adventslied auf der Flöte vorspielen und ein Gedicht vorsagen.

Hingehen, Aufrichten, Zärtlichkeit, Umarmung. Da fängt Frau Radermachers Herz auch an zu blinken. Beide gehen ab, währenddessen singen:

Vorsänger: So nehmet euch eins um das andere an, wie auch der Herr an uns getan.
Alle: Freut euch ihr Christen …

Paul verschanzt sich in der einen Ecke.

Sprecher 1: Paul ist nicht zu sprechen. Er ballert stundenlang mit seinen Computerspielen. Da hört er einen Hund jaulen.

Sprecher 2: Baldur winselt in der anderen Ecke. Er hält die Pfoten an die Wand und guckt erbarmungswürdig. – Baldurs Herrchen und Frauchen haben keine Zeit für ihn.

Sprecher 1: Paul überlegt, wie er dem Baldur eine Freude machen kann. *(Pauls Blinkherz fängt an zu blinken.)* Er geht raus zu dem Zwinger und wirft dem Hund Stöckchen rein. Für den nächsten Tag macht er einen Spaziergang mit Baldur aus.

Hingehen, Aufrichten, Spielen, Freude. Da fängt Baldurs Herz auch an zu blinken. Beide gehen ab, währenddessen singen:

Vorsänger: So nehmet euch eins um das andere an, wie auch der Herr an uns getan.

Alle: Freut euch ihr Christen …

Kata geht lustlos auf und ab.

Sprecher 1: Kata ist es langweilig. Sie war unterwegs und hatte keine Freunde gefunden. Da fällt ihr Pini ein.

Sprecher 2: Pini ist ein Kind in einem Kinderheim in Peru. Beim Sternsingertag hatten die deutschen Kinder von ihr gehört. Dass sie auf der Straße gelebt hatte.

Sprecher 1: Kata nimmt die schönste Glitzerfolie und bastelt einen Stern zum Falten. *(Katas Blinkherz fängt an zu blinken.)* Den tut sie in einen Briefumschlag und bringt ihn der Gemeindereferentin. Sie soll ihn ins Kinderheim nach Peru schicken. Die stöhnt, schafft es aber dann doch, die Adresse rauszufinden.

Sprecher 2: Und in Peru leuchtet das Piniherz *(Pinis Blinkherz fängt an zu blinken.)*

Winken, Küsse auf die Ferne, Freude. Beide gehen ab, währenddessen Singen:

Vorsänger: So nehmet euch eins um das andere an, wie auch der Herr an uns getan.

Alle: Freut euch ihr Christen …

Roger stellt die ganze Menschheit dar. Mit seinem Gesicht und seiner Körpersprache drückt er die ganze Verkorkstheit aus

Sprecher 1: Frust und Verlorenheit haben sich in der Menschheit angesammelt. Biestig und böse sind die Menschen zueinander. Die Herzen sind verdüstert. Doch manche Menschen haben Hoffnung. Wollte nicht Gott kommen, sie zu erlösen? *(Rogers Blinkherz beginnt zu blinken.)*

Die schwangere Maria kommt auf einem langen Weg durch die Kirche.

Sprecher 2: Die Alten Verheißungen sagen etwas von dem Kind, das geboren werden soll, um die Menschen zu erlösen *(Marias Blinkherz beginnt zu blinken).*

Roger steht auf und späht und sucht am Horizont.

Sprecher 1: Manche Menschen suchen überall nach dem kommenden Gott. Lange, lange Zeit.

Maria geht still zu dem Platz, wo bloß die Krippe steht. Macht das Herz an der Krippe fest.

Dort blinkt es weiter.

Sprecher 2: Und heimlich und langsam ist Maria unterwegs mit dem Erlöserkind. Gott nimmt sich der verlorenen Menschen an.

Roger hebt die Hände zur Krippe hin

Vorsänger: So nehmet euch eins um das andere an, wie auch der Herr an uns getan.

Alle: Freut euch ihr Christen …

Dazu passt später die Kommunionmeditation.

Kommunionmeditation

Kinderlektor:
Jesus, unser Heiland.
Es ist richtig Advent.
Hilf uns, dass wir das Wichtigste nicht übersehen. Die Liebe.
Wo sich eins um das andere annimmt.
Denn Gott lässt seine Menschen nicht alleine.
Er schickt uns sein Licht voraus.
Es leuchtet schon in unseren Herzen.
Gib uns gute Ideen,
wie sich eines
um das andere annehmen kann.
Und feste Ausdauer
im Warten auf dein Kommen.

7. Leg das Gewand der Freude an

Gottesdienst zum Dritten Advent

Kurzablauf

Was?	Wer?
Offener Gottesdienstbeginn aus der Stille heraus	. . . .
Ansingelied GL 115, 1+2	. . . .
Eingangslied	. . . .
Kyrie *anzeigen* GL 103, *möglichst responsorisch singen*	. . . .
Zwischengesang GL 712, VV 1–10. Gesungen und / oder gebetet	. . . .
Ruf und Umgang vor dem Evangelium	. . . .
Credolied »Ich glaube an den Vater«, Sing!, 31	. . . .
Lied zur Gabenbereitung	. . . .
Sanctuslied Tochter Zion, 2, 3	. . . .
Lied vor der Kommunion	. . . .
Kerzenkinder begleiten die Kommunion	. . . .
Kommunionmeditation	. . . .
Kommuniondanklied	. . . .

Aufschluss

Man kann synchron zu den Strophen die Kerzen anzünden, so dass bei »Sehet« genau die erste und danach die zweite Kerze, und danach die dritte gerade entzündet ist.

Offener Gottesdienstbeginn aus der Stille heraus (vgl. S.13/14)

Eingangslied

GL 110, 1

Einleitung

Ein eigentümliches Doppelgefühl nehme ich wahr. Einerseits haben sich bei vielen Menschen im Advent Türen aufgetan. Spuren eines anderen Lebens werden sichtbar, ja, des Lebens, wie es eigentlich gemeint ist. Auf der anderen Seite ist die Verwechslungsgefahr groß, dass wir unsere Weihnachtsgeschäftigkeit mit dem göttlichen Geheimnis verwechseln.

Stille

Kyrie

GL 103, *erst nach Ende der Stille anzeigen, möglichst responsorisch singen.*

Lesung: Röm 16, 25–27

Zwischengesang

GL 712, VV 1–10 gesungen und / oder gebetet

Ruf und Umgang vor dem Evangelium

Seht, es wird der Herr sich nahn[1]

Evangelium: Lk 1, 26–38

Bronzetafel an der Tür von St. Peter Salzburg von Ernst Alt

Impuls / Bildbetrachtung

Was ruft die Stimme des Rufers?
Sie ruft meiner Seele etwas zu.
Sie weckt die Zukunftsseele in mir.
Sie küsst die Freude wach.
Du Seele, mit wie vielen Klamotten

---

[1] Vergleiche S. 13

hast du dich behängt, die nicht zu dir passen?
Die dich runterziehen.
Klamotten der Rollen, die wir spielen.
Klamotten der Kalkulationen.
Klamotten der Trägheit.
Klamotten der Gefühlsabwehr.
Diese ganzen großen Kleiderschränke
der freudlosen Klamotten.

Leg ab das Gewand der Trauer, ruft der Prophet.
Das eine, herrliche Kleid, das genau dir passt,
es ist das Gewand der Freude und Herrlichkeit.
Wirf die alten Klamotten weg.
Mach' dich schön für die Zukunft,
die Gott mit dir vorhat.
Bekleide dich mit dem Schmuck der Herrlichkeit,
die Gott dir für immer verleiht.
Du hast wohl so lange drauf gewartet,
Gott am Rand gelassen, dass du es schon fast vergessen hast.

Aber jetzt auf, ruft die Stimme, lass dich nicht mehr hängen.
Trau dich in das Gewand der Freude.
Deine Seele darf mitschwingen auf die Zukunftswelt hin.
Dein Seelenauge darf die starke, strahlende Vision
der Rettung in Herrlicheit vorschmecken.
Ja, du selber darfst Stimme des Rufers sein.
Auf dass seine Freude siegt.

Stille

Credolied

»Ich glaube an den Vater« (Sing!, 31)

Lied zur Gabenbereitung

GL 110, 2+3, oder: »Tochter Zion, freue dich« (EGB 13)

Sanctuslied

GL 481 oder: »Tochter Zion«, 2+3

Lied vor der Kommunion

GL 106, 1–3, responsorisch

Instrumentalmusik während der Kommunion

Schübler-Choral »Jesus bleibet meine Freude« von J. S. Bach

Kerzenkinder begleiten die Kommunion.

Kommunionmeditation

Kinderlektor:
Jesus, Freund der Menschen, es ist so viel los im Advent.
Hilf mir, dass mich das alles nicht durcheinander bringt.
Am wichtigsten ist die Liebe.
Tu mir die Augen auf,
damit ich mit Liebe auf die anderen Menschen schaue.
Da gibt es viel zu entdecken.
Zu Hause. In der Schule. Beim Spielen.
Das müssen nicht alle wissen.
Hauptsache, wir beide wissen Bescheid.
Dann blüht die Liebe auf.
Für Weihnachten und darüber hinaus.

Kommuniondanklied

GL 106, 4–5, responsorisch

8. Nähe

Familiengottesdienst zum Vierten Advent

Kurzablauf

Was?	Wer?
Offener Gottesdienstbeginn aus der Stille heraus	. . . .
Ansinglied GL 115,1–4	. . . .
Oder: Eingangslied GL 114	. . . .
Einleitung	. . . .
Kyrie GL 103, responsorisch	. . . .
Zwischengesang GL 122, VV 1–6. Oder 720, Gesungen und / oder gebetet	. . . .
Ruf und Umgang vor dem Evangelium: Sehet, kommen wir der Herr mit Macht[1]	. . . .
Impuls (Homilie)	. . . .
Credolied »Ich glaube an den Vater«, Sing!, 31	. . . .
Lied zur Gabenbereitung GL 111,1–3	. . . .
Sanctuslied GL 116,6 oder Tochter Zion, 3	. . . .
Lied vor der Kommunion GL 111,4, 5	. . . .
Kerzenkinder begleiten die Kommunion	. . . .
Kommuniondank GL 109,2	. . . .

---

[1]   Vergleiche S. 14

Aufschluss

Besonders in diesem Gottesdienst geht es um die adventliche Sammlung. Keine neuen Aktionen mehr. Sondern: Stille, Rast, Ausblick und Bereitschaft. Der Gottesdienstleiter und alle Dienste nehmen sich eine gute Minute der Stille dafür vor dem Gottesdienst. Die Liedstrophen können gekürzt werden. Die Besinnungsstille zum Eingang und nach der Kommunion wird gelassen und ausgiebig zelebriert.
Man kann die Adventskranzkerzen mit großen Wachsplattenbuchstaben verzieren: N A H E

Ansinglied

GL 115, 1–4
Man kann synchron zu den Strophen die Kerzen anzünden, so dass bei »Sehet« genau die richtige Kerze gerade entzündet ist. Zuerst die erste und danach die zweite Kerze, und danach die dritte und dann die vierte.

Eingangslied

GL 114

Einleitung

Genug des adventlichen Gewusels. Das Licht ist mehr geworden. Die Ferne ist geschrumpft. Ist die Nähe des Heils spürbar?

Kyrie

GL 103, responsorisch

Zwischengesang

GL 122, VV 1–6. Oder 720 *gesungen und / oder gebetet*

Ruf und Umgang vor dem Evangelium

Sehet, kommen wird der Herr[2]

Impuls (Homilie)

Werden wir still.
Finden wir uns in die Sammlung.
Ein Wörtchen mag uns sammeln.
Und aufschließen.
Kurz vor Weihnachten:
Nahe.
Der Retter ist nahe.

Mein Wesen gleicht oft dem alten Russen im Winter.
Der all seine Kleider und Felle übereinander zieht.
Mindestens sieben Schalen halten mir den Rest der Welt vom Leib.
Und manche automatische Distanzhalter.
Nähe hat da kaum eine Chance.
Ja, wir hatten uns verloren
In ein distanziertes Leben.

Im Advent habe ich die Entfernung vermindert.
Mir etwas nahekommen lassen.
Häute abgeschält.
Es hat mich berührt.
Vielleicht ging es mir unter die Haut.

Meine verlorene Weite
wird zurückgebaut in Nähe.
Ich spüre, die Nähe tut mir gut.
Die Nähe ist eher mein Ding.

Dieses Nahekommen geht nicht von mir aus.
Da ist eine liebende Bewegung.
Sie kommt aus Gott.

---

2   Vergleiche S. 13

Mir entgegen.
Er sucht meine Nähe.
Ich spüre:
Entgegenkommen,
leise Kraft,
wachsende Nähe.

Mein Herz spürt den, der nahe ist.
Nahesein frommt ihm eher
als Entfernung und Entfremdung.
Er gibt mir Zeichen:
Ja, für die Nähe bist du gebaut.
Dazu bist du auf Erden.

Die Nähe ist scheu.
Nähe ist zerbrechlich.
Machen wir sie uns vertraut.
Die Nähe, die Gott sucht.
Speichern wir die Haltung,
in der die Nähe gedeiht.

Menschen, die die Nähe lieben.
Als solche kommen wir uns gegenseitig näher.
Mit aller Behutsamkeit.
Mit aller Freude.
Mit aller Liebe.

Nahe.
Nahe ist der Retter.
Nahe sind die Tage des Heils.
Nahe ist das Licht.
Nahe ist Gott.

Fürbitten

Gottesdienstleiter:
Geheimnisvoller Gott. Deine Zeichen, deine Botschaften, deine Zukunft
mit uns. Wir bitten dich:

Lektor:

Hilf den jungen Familien zu einem Klima des Vertrauens, das Kraft gibt zur Freude auf die Zukunft

Fürbittruf

Steh allen bei, die sich nach vielen Verpflichtungen mürb und ausgelaugt vorkommen.

Fürbittruf

Schenke uns ein hörendes Herz.

Fürbittruf

Deine Impulse, die dein Heiliger Engel überbringt, sollen Resonanz finden.

Fürbittruf

Tröste alle, die Weihnachten mit besonderer Wehmut erwarten.

Fürbittruf

Gottesdienstleiter:

Denn du hast Großes und Unerhörtes mit uns vor. Wir preisen dich mit allen, die auf dein Reich harren, auf Christus hin, den kommenden Herrn.

Credolied

»Ich glaube an den Vater« (Sing!, 31)

Lied zur Gabenbereitung

GL 111, 1–3

Sanctuslied

GL 116, 6 oder Tochter Zion, 3

Lied vor der Kommunion

GL 111, 4, 5

Kerzenkinder begleiten die Kommunion.

Während der Kommunion können 2 oder 4 Solisten leise den Kanon »Nun sei uns willkommen, Herre Christ« singen, gerne öfter wiederholt (z. B.: GL, Diözesananhang LM 807, EGB 22).

Kommunionmeditation

Kinderlektor:
Jesus, guter Freund.
Nun sind es nur noch … Tage bis Weihnachten.
Das ist aufregend und spannend.
Das Geschenkeraten nervt aber auch.
Und es gibt auch viel Stress.
Dabei soll doch gefeiert werden.
Du kennst mich.
Du weißt, dass ich gerne feiere.
Hilf mir, dass ich es beseelt tue:
Nicht wegen der Äußerlichkeiten,
sondern mit Licht von innen.

Meine Gedichte:
dass sie nicht nur auswendig gesagt werden,
sondern von innen strahlen.
Meine Lieder:
Dass das Lob Gottes darin ist,
so ähnlich wie in dem Engelslied.
Mein Herz: Dass ich den Schrei der Armen höre.
Ich freue mich auf das Fest.

Es ist ja dein Geburtstag.
Also will ich dieses Fest
dann auch so feiern,

dass wir beide spüren:
Wir gehören zusammen:
Du Krippenkind
und ich Kommunionkind.

Kommuniondanklied

GL 109, 2

9. Die harte Schale öffnen

Bußgottesdienst für Jugendliche

Vorbereitung

Rhythmusinstrument oder Rhythmusgruppe oder Hintergrundrhythmus von einer CD. Rapper ansprechen. Flöte für »Kumbaya, my Lord«, Probe mit Mikro.

Einführung

Gottesdienstleiter:
Was mir der Adventskalender sagt,
was der Weihnachtsmarkt dudelt,
was alle Welt auf einmal will,
angeblich,
das kann uns hier gestohlen bleiben.
Wir gehen unseren eigenen Weg.
Lasst euch darauf ein.

Vor dem ersten Rap die leise Instrumentalmusik: »Kumbaya, my Lord«. Vielleicht mitsummen. Jeder bekommt während der Musik eine Nuss. Kumbayah my Lord, »Troubadour 6« Nr. 998, sie kann den Rap noch 2 Strophen lang sehr (!) leise untermalen.

Rap

Rapper 1:
Ich hab' euch Nüsse mitgebracht
Zum Angucken und Befühlen,
das Knacken kommt erst später.
So eine Nuss ist zu.
Rundrum zu.
Wir sind auch öfter zu.
Rundrum zu.

Harte Schale, weicher Kern.
Was wir sehen voneinander,
was wir spüren voneinander
ist oft nur die harte Schale
Was wir bringen,
das ist oft die Härte,
das ist oft bloß die Stärke,
und wir bleiben zu dabei,
Rundrum zu.

Rapper 2:
Das hat ja auch sein Gutes.
Harte Schale hat ihren Sinn.
Ohne Schale bist Du zu verletzlich.
Zu leicht angreifbar.
Jeder könnte innen reingucken.
Geht ja keinen etwas an.
Die Nuss käme auch nicht über den Winter
ohne harte Schale.

Rapper 1:
Die kann uns aber auch ätzen,
die harte Schale.
Du willst aus dir herausgehen,
aber alles ist dicht.
Du sitzt in deiner Schale wie im Knast.
Du willst raus
und merkst: So einfach geht das nicht!
Ja, es ist schon Glückssache, wenn's dir gelingt,
dich selbst zu öffnen.

Effata, Nr. 1 aus dem Liederbuch »Effata«
kann den Rap noch 2 Strophen lang sehr leise (!) untermalen.

Rapper 2:
Oft brauchen wir dazu
einen Stups von außen.
Jemand begegnet uns.
Wir machen etwas gemeinsam.

Adventszeit

Da wird ohne große Worte
die harte Schale angeknackt.
Die ersten Risse sind drin.
Wir kriegen Luft.
Merken was.
Merken was von uns selbst
und von den anderen.

Rapper 1:
So etwas erleben.
Die harte Schale kriegt Risse.
Du merkst etwas von dir selbst.
Und von ein paar anderen.
Echt von innen.
Wäre das Advent?

Wir halten die Nuss noch in der Hand und summen mit

Rapper 1:
Advent – viele Leute machen eine Riesenhektik
vor Weihnachten und bleiben doch zu.
An Weihnachten wirst du ein bisschen weich,
doch dann geht der ganze Wahn weiter,
das volle Programm, die Schale ist hart!

Rapper 2:
Advent – Gott hat mehr mit uns vor
als Stärke und Härte.
Jesus ist auf die Menschen zugegangen,
so dass sie keinen Panzer brauchten.
Ihre harte Schale hat sich geöffnet.
Und sie haben gestaunt.
Wir sind ja gar nicht so zu.
Jesus legt unseren weichen Kern
der Menschlichkeit behutsam frei.
Die Menschen merken plötzlich was.
Sie merken: So ist Gott,
dass du dich öffnen kannst.

Rapper 1:
Du brauchst ihm nichts vorzumachen,
deinem Gott, und auch nicht dir selbst.
Du darfst dich öffnen.
Aus dir heraus gehen, dass die Schale knackt.

Die normale Härte kannst du ablegen.
Das geht nicht mit einem Mal.
Aber, wer schon Risse in der Schale hat,
wer den Kern schon zum Vorschein bringt,
der hat Hoffnung.
Bei dem wächst was.
Wie bei einer Nuss,
bei dem Samen,
der in der Erde keimt.

Rapper 2:
Ob du das Glück nennst
oder Advent
oder das Kommen Gottes,
oder gar keinen Namen dafür hast,
das ist nicht entscheidend.
Auf jeden Fall: Es wächst etwas.
Und das willst du nie mehr missen.

Alle singen das Lied Kumbaya

Tagesgebet

vom Donnerstag der ersten Adventswoche
Biete auf deine Macht, Herr, unser Gott,
und komm.
Eile uns zu Hilfe mit göttlicher Kraft,
damit durch dein gnädiges Erbarmen
bald das Heil kommt,
das unsere Sünden noch aufhalten.
Darum bitten wir
durch Christus, unseren Bruder und Herrn.

Lesung: Römer 13,11–14 a

2 Versionen (Volxbibel und Einheitsübersetzung) mit dem Beamer darstellen.

Text aus der Volxbibel:

Seid immer so drauf, als wenn morgen der Tag der großen Abrechnung kommen würde. Egal-Haltung ist echt nicht mehr angesagt. Jesus Christus feiert bald sein großes Comeback, dann sind wir endlich ganz frei. Nach jeder Nacht kommt der Tag. Am Tag sind alle Sachen zu sehen, die wir nur im Dunkeln machen würden, wo keiner zugucken kann. Also sollen wir jetzt so leben, dass es ruhig Tag werden kann und wir uns nicht schämen müssen für unser Leben und die Sachen, die wir so tun. Wir sollten so leben, dass andere uns als Vorbilder nehmen wollen, ehrlich sollten wir natürlich auch immer sein. Auf Partys, wo gesoffen und rumgedrogt wird, sollten wir nicht zu sehen sein. Wir müssen unseren Ehepartnern ganz treu sein und sexmäßig nicht total abgehen. Und geht auch unnötigem Streit aus dem Weg, lasst euch nicht auf irgendwelche Eifersuchtsgeschichten ein. Bleibt straight bei Jesus Christus, er ist der Boss. Er soll auf dem Chefsessel in euerm Leben sitzen. Lasst euch nicht so gehen, passt auf, dass eure Wünsche keine Macht über euch haben und ihr nicht von eurer Geilheit kontrolliert werdet.

Text aus der Einheitsübersetzung gegenüberstellen.

Gespräch

Welche Übersetzung ist treffender formuliert?
Ein Laserpointer kann helfen.

Schuldbekenntnis / Vergebungsbitte

Mein Gott. War ich das wirklich?
So falsch. So hart, so neben mir stehend.
Dumm gelaufen.
Ich bin gut in Ausreden.
Was sich bei mir alles angesammelt hat!
Ich bringe es Dir.

9. Die harte Schale öffnen

Hilf mir in Dein Erbarmen hinein.
Läutere mich von ganz innen her.
Gib mir die Gnade eines neuen Anfangs.
Dass mein Lebensweg
eine Spur wird
für dein Kommen.
Damit die Liebe siegt.

Gottesdienstleiter:
Der allmächtige Gott
erlöse uns aus unserer Härte
und vergebe uns unser Versagen.
Er lasse uns aufleben auf dem Weg des Heils
durch Christus unsern Herrn.

Lasst uns beten, wie der Herr uns zu beten gelehrt hat.

Alle: Vater unser ...

Kanon

Mache dich auf und werde Licht. Troubadour 6, 507

10. Liebt Gott doch die leeren Hände

Bußgottesdienst[1]

Kurzablauf

Was?	Wer?
Lied GL 105, 1, 4, 6; oder Ansinglied 115	. . . .
Einleitung	. . . .
Eröffnungsgebet vom Blatt (gemeinsam)	. . . .
Psalm GL 721 (Wechsel re/li)	. . . .
Tagesgebet v. Freitag, 1. Adventswoche oder Samstag 2. Adventswoche	. . . .
Lied GL 114, oder Liedruf: Sehet, kommen wird der Herr ...	. . . .
Lesung Zephanja 3, 1–2, 9–13 (vom Dienstag, 3. Adventswoche)	. . . .
Lied 114	. . . .
Meditationstexte mit Zwischenmusik	. . . .
Lied GL 621	. . . .
Schuldbekenntnis vom Blatt	. . . .
Vergebungsbitte	. . . .
Lied GL 106, 1, 2, 5	. . . .
Kehrvers GL 120, 3 / Magnificat 127	. . . .

---

[1] Man kann auch in dem Adveniat-Material nachschauen und von dort ein Element übernehmen, das tut der Perspektive der Umkehr gut.

Was?	Wer?
Fürbitten	. . . .
Vater unser	. . . .
(Tages-)Gebet vom Dienstag 3. Adventswoche	. . . .
Hinweise	. . . .
Segen (Feierlicher Schlusssegen der Advents-zeit)	. . . .
Schlusslied GL 804, 1–2, oder: »Wenn du Ja zu mir sagst« (Trobadour 76), Sonderstrophen	. . . .
anschließend Beichtgelegenheit	. . . .

Aufschluss

Im Advent ist vieles zu regeln, zu »handhaben«. Damit können wir aber das Weihnachtsgeheimnis nicht erzwingen. Adventlich umkehren kann heißen, die Hände frei zu räumen. Dass wir uns der Leere unserer Existenz bewusst werden. Sie Gott hinhalten für das Kommen seiner Fülle.

Lied

GL 105, 1, 4, 6; oder Ansinglied 115

Einleitung

Seien Sie alle herzlich gegrüßt. Sie haben sich eine Stunde freigemacht aus den Verstrickungen in Termine und Adventspflichten. Ja, das ist wichtig jetzt. Wir sind wichtig jetzt. Wir mit dem, was wir falsch gemacht haben. Wir stellen uns dem Blick des Erlösers. Möchten aus dem Grund seiner Barmherzigkeit neu beginnen.

vom Blatt (gemeinsam, Sprechpausen beachten)

Sieh, Gott, unsern Advent. / Viel Geschäftigkeit. / Schöne Traditionen / wachsen sich zu Pflichten aus, die uns auf Trab halten. / Wie schnell ist die beseelte Mitte des Harrens auf dich / zugestellt. / So viele gutgemeinte Gedanken / und Impulse streifen uns. / Aber so wirklich berühren sie uns oft nicht. / Denn unsere Seele hat sich verkrochen / in all der Beanspruchung. / Wir sind hier, / um einen lebendigen Neuanfang mit dir zu machen. / Sei du unser Licht. / Gib uns die Orientierung der Liebe wieder. / Hilf uns, dass wir das aus dem Weg räumen, / was uns sperrig macht. / Und betaue unser entleertes Wesen / mit der Zuversicht und Vorfreude, / die du heilend / deiner Erlösung vorausschickst.

Psalm

GL 721 *(im Wechsel rechts/links)*

Tagesgebet

vom Freitag der 1. Adventswoche

Biete auf deine Macht, Herr, unser Gott, und komm!
Entreiße uns den Gefahren,
in die unsere Sünden uns bringen.
Mache uns frei und rette uns.
Darum bitten wir durch Jesus Christus,
deinen Sohn, unsern Herrn und Gott,
der in der Einheit des Heiligen Geistes
mit dir lebt und herrscht in alle Ewigkeit.

oder vom Samstag der 2. Adventswoche

Allmächtiger Gott,
lass deine Herrlichkeit
in unseren Herzen aufstrahlen

und nimm den Todesschatten der Sünde von uns,
damit wir bei der Ankunft deines Sohnes
als Kinder des Lichtes offenbar werden.
Darum bitten wir durch ihn,
der in der Einheit des Heiligen Geistes
mit dir lebt und herrscht in alle Ewigkeit.

Lied

GL 113, oder den Liedruf: »Seht, es wird der Herr sich nah'n ...«

Lesung: Zephanja 3, 1–2, 9–13

(vom Dienstag der 3. Adventswoche)

Lied

GL 114

Meditation: Leere Hände

(Bitte finden Sie sich in Ihre bevorzugte Meditationshaltung ein.) / / /
Suchen Sie den Grundrhythmus Ihres Ein- und Ausatmens. / / /
Lassen Sie die Atemunterstützung tief absinken. / / /
Finden Sie das Lotrechte in Ihrem Rückgrat, / / /
das Tragende in Ihrem Becken. / / /
Weiter Leerwerden im Aus- und Einatmen. / / /

Meditation der leeren Hände
Meine Hände liegen auf den Oberschenkeln.
Die Innenseite nach oben.
Alle Impulse anzupacken sind ausgeschaltet.
Alles Zupackende gelockert.
Meine leeren Hände.

Mit ihrer sensiblen Innenseite spüre ich die Handhabungen der Vergangenheit. / / /

In meiner Hand ist noch die Erfahrung der Tauglichkeit.
Wie viele Werkzeuge kann sie ersetzen!
Wie wunderbar ergänzt eine Hand praktisch die andere.
In wie vielen praktischen Zugriffen hat sie gespürt:
Dazu bist du da! / / /

In meinen Händen ist noch die Erfahrung der Zärtlichkeit.
In der Sprache der Hände ist mir Wertvolles mitgeteilt worden.
In der Sprache der Hände habe ich die Liebe ausdrücken können.
Ja, da ist viel drin, in meinen Händen. / / /

Aber es gibt auch die Erfahrung: Zerronnen.
Wie Sand durch die Finger läuft, so sind manche Ergebnisse meines Lebens zerronnen.
Wie Wasser sich verflüchtigt, so sind Erfahrungen meines Lebens verdunstet.
Übrig geblieben sind meine leeren Hände.

Und was ich alles falsch angepackt habe.
Nicht nur die Sachen, wo schon mal eine Ecke abgebrochen ist.
Menschen, mit denen ich keine gute Hand hatte. / / /
Vorhaben, die schiefgelaufen sind.
Bemühungen, von denen nichts übriggeblieben ist
außer Frust.
Vergeblichkeit in meinen leeren Händen.
Ja, Schuld scheint sich in die Handlinien eingegraben zu haben.
/ / /
Von alledem die Hände leermachen.
Gelungenes loslassen.
Vertanes nicht mehr umklammern.
Mein ganzes Wesen freiräumen.
Wir schauen auf die leeren Hände.
/ / /
Neigen wir den Kopf langsam zu den leeren Händen hin. / / /
Schließen wir die Augen. / / /
Richten wir uns langsam wieder auf.

Halten wir das blinde Gesicht in das Vis-à-vis zu Gott.
Wir erheben den Blick von den leeren Händen zu Gott.

[Wir schlagen uns an die Brust:
Herr, sei mir Sünder gnädig.
...
Wir legen die Hände zurück auf die Oberschenkel.]

Wir halten Gott die Leere hin.
Spüren voraus, wie Gott sie füllen wird.
Mit Verständnis.
Mit Bejahung.
Mit Mut.
Mit Segen.
Mit verzeihender Liebe.
Mit vertrauender Liebe.
Gott füllt unsere Hände damit und unser Wesen.
Gott gibt uns das Geleit seiner guten Hand.

Lied

GL 621

Schuldbekenntnis

Alle gemeinsam vom Blatt (Sprechpausen beachten) – Kopiervorlage auf CD-ROM

Ja, wir stehen mit leeren Händen / vor dir, o Gott. / Dabei hatten wir doch so viel in die Hand genommen. / Unter der Hand ist unsere Seele / raffend geworden. / Ja, wir hatten zu tun. / Was wir taten, / manchmal war es lieblos. / Irgendwie ist der Glanz, / mit dem du unsere Seele fülltest, / schnell verblichen / und stumpf geworden. / Wie wir es eigentlich miteinander meinen – wir hatten manchmal keine glückliche Hand damit. / Verlorene Schätze, / vermurkste Anstrengungen. / Wir halten dir unsere leeren Hände hin. / Versuchen, auf dich hin das auszuhalten, / bei dem wir uns so schäbig vorkommen. / Sind sie wirklich ganz leer? / Ist nicht die Hoffnung darin, / dass du das Unheil wendest? / Die Versteppung tränkst / mit dem Tau deines Kommens? / Dein barmherziger Blick / nehme unsere Leere an. / Deine Erlösung löse uns aus der leeren Starre. / Du hast den Fehlenden / deine reiche Barmherzigkeit versprochen. / Ja, fülle die Leere / mit deiner Vergebung. / Nach dem reichen, vollen, / überfließenden Maß deiner Güte. / Auf dass wir aufleben darin / und hell werden mit Herzen, Mund und Händen.

Ich bekenne Gott, dem Allmächtigen und allen Brüdern und Schwestern, dass ich Gutes unterlassen und Böses getan habe. Ich habe gesündigt in Gedanken, Worten und Werken – durch meine Schuld, durch meine Schuld, durch meine große Schuld. Darum bitte ich die selige Jungfrau Maria, alle Engel und Heiligen und euch, Brüder und Schwestern, für mich zu beten bei Gott, unserem Herrn. Amen.

Gottesdienstleiter:
Der barmherzige Gott möge euch neu gründen in seiner erbarmenden und vergebenden Liebe. So erhelle er Euren Adventsweg auf selige Begegnung hin. Darum bitten wir den Vater, den Sohn und den heiligen Geist.

Magnificat

GL 127 mit Kehrvers 120, 3, oder 114

Fürbitten

Gottesdienstleiter:
Gott unseres Suchens. Du legst uns ans Herz, dass wir deiner Verheißung mehr vertrauen als den Versprechen dieser Welt. So bitten wir dich:

Lektor:
Die einen gehen gescheucht durch den Advent, andere haben viel Zeit. Wie gut ist das Geschenk einer ruhigen Stunde, um Glaube, Hoffnung und Liebe leben zu können. Dass uns die Seele des Advents nicht verloren geht.

Fürbittruf

Dass uns die Umkehr gelingt. Dass unsere Freude auf den Erlöser wächst.

Fürbittruf

Der Advent ist eine große Chance für die Familie. Manchmal aber erwarten Jung und Alt einfach zu viel voneinander. Hoffentlich gelingt es uns, dass wir mit kleinen, aber beseelten Ideen und Geschenken das kultivieren können, was wir an weihnachtlichen Familientraditionen haben. Und einen Weg in die Zukunft weisen.

Fürbittruf

In den Mühseligen und Beladenen willst du uns begegnen. Die Kranken und die Menschen in den Elendsgebieten wachsen uns im Advent besonders ans Herz. Hilf uns zu einer guten und stetigen Verbundenheit mit ihnen.

Fürbittruf

Auch deine Kirche bedarf der Erneuerung. Wie oft erleben wir in ihr die Armut der leeren Hände. Dass wir einander nicht die Bitternis, sondern die Freude verstärken. Segne den geschwisterlichen Gesprächsweg.

Fürbittruf

Gottesdienstleiter:
Herr, unser Gott, durch dein Erbarmen sind wir in Christus eine neue Schöpfung geworden.
Wende deine Augen nicht von uns ab, sondern heile alle Wunden der alten Schuld durch die Ankunft deines Sohnes, der in der Einheit des Heiligen Geistes mit dir lebt und herrscht in alle Ewigkeit.

Vater unser

Hinweise

Unserem adventlichen Neuanfang tut es gut, wenn wir ihn erinnern in den kommenden Tagen und Wochen. Als Anregungen dafür haben wir Ihnen Gebetsvorschläge ausgedruckt, für den Abend, für den Morgen und bei Tisch. Sie liegen am Schriftenstand aus (werden von den Messdienern verteilt).

(Vorlagen für die Gebete und Texte finden Sie in den folgenden beiden Kapiteln 11 und 12. Alle Texte finden sich zum Ausdrucken auf der beiliegenden CD-ROM)

Segen

Feierlicher Schlusssegen der Adventszeit

Schlusslied

GL 116, 5, 6, oder: »Weil du Ja zu mir sagst« (Trobadour 6, 589)

Mit den variierten Strophen:

3. Weil du selber mich bewachst, über Wichtigtuer lachst,
weil du selber mich bewachst, **darum fang ich wieder an.**

4. Du machst Mut auf deine Art, hilfst mir auf beim neuen Start,
du machst Mut auf deine Art, **darum fang ich wieder an.**

anschließend Beichtgelegenheit

11. Impulse

für Roratemessen, adventliche Besinnungen,
Hausgebete, Pfarrbriefe

Date mit Gott?

Sind Adventskalender überhaupt sinnvoll? Man kann das sehr skeptisch sehen. Nicht nur wegen der Süßigkeiten und Geschmacklosigkeiten, die oft darinnen sind. Sondern wegen der Zeitvorstellung, die damit verbunden ist. Da spüren Sie vielleicht selbst: Das kann es nicht sein. Das kann so nicht gemeint sein. Advent, dieser wildgewordene Trubel um diese 24 Tage, diese Einbildung, wir könnten Gottes Ankunft mit dem Kalender timen. »Ihr wisst nicht, wann die Zeit da ist«, sagt Jesus. Das ist doch genau das Gegenteil! Und das sagt er nicht für die Katz'. An diesem Punkt lässt er bestimmt nicht spaßen mit sich und der unberechenbaren Initiative des Ewigen. Wenn er das so sagt, dann spüren wir deutlich, dass wir nicht hergehen können und sagen: Genau jetzt lieber Gott, alleweil geht's los, lauf dich sozusagen schon mal warm für den Heilig' Abend, dann hast du bei uns einen Auftritt. So geht's nicht, das wissen wir.

Dieses Wissen haben wir wohl irgendwo versteckt, denn der Gedanke schmeckt vorneweg irgendwie ungemütlich: Du weißt nicht, wann's genau wird mit Gott, er wird dich überraschen, wenn du es partout nicht erwartest. Aber so ist es. Und das wissen wir und spüren wir. Und das möchte ich bejahen. Wenn unser Herz ahnt: Ganz überraschend mischt sich Gott ein. Das möchte ich bestätigen, bestärken. Erinnern wir uns: Wann ist Gott Leuten aus unserem Umkreis begegnet? Kennen Sie so Leute? Die sagen können: Hier habe ich es aber mit Gott zu tun gehabt. Donnerwetter, da kann nur er dahinter stecken! Kennen Sie so Leute? Oder ist es Ihnen selbst so gegangen? Wie waren denn da die näheren Umstände? Stand da in Ihrem Terminkalender ein Date mit Gott? Hat der vorher einen Termin ausgemacht? Oder hat Gott den Terminkalender durcheinandergebracht durch Seligkeiten und durch Traurigkeiten? Dann wissen Sie es gut: So überraschend, so unberechenbar handelt Gott.

Da hat jemand am 26. Juli vor dem Spiegel gestanden und sich gefragt,

Mensch, wozu bist du da? Um ein schönes Gesicht zu machen, oder um echt die Liebe zu leben? Das war Advent.

Da hat es jemand in der dritten Septemberwoche umgehauen, erwischte ihn die Erkenntnis: Das ist gar nicht selbstverständlich, dass du lebst, dass du gesund bist, dass du Freunde hast, dass dich die Sonne wärmt, das ist Gnade, da schenkt dir Gott etwas. Das war Advent.

Da überlegt sich einer auf einer langen Autofahrt, ob er denn Gott etwas zu sagen hat. Advent, egal ob im Februar oder im Mai. Oder da entscheiden sich zwei Eheleute, ab heute für die Zukunft zu leben, anstatt die Vergangenheit nostalgisch zu verlängern – was für ein Advent, mitten im Oktober!

Da krempelt jemand Ende Mai die Ärmel hoch und sagt: So, für diesen Menschen will ich jetzt sorgen. Sie ahnen, was ich meine: Dass uns Gott auf seine Art heimsuchen wird, ganz wann und wie er will, unberechenbar. Dass es mit dieser unberechenbaren göttlichen Initiative verschärft auf die Seligkeit zu geht, das ahnen wir. Lassen wir es uns ja nicht ausreden von den Adventskalendern. Gott kommt, wann er will. Lassen wir uns das ja nicht zududeln von der Weihnachtsmarktmusik. Irgendwo ist unser Inneres dessen gewärtig: Er kommt. Sei du bereit.

Diese Gewärtigkeit möchte ich beschwören. Auf dem Sprung sein. Dieses Harren möchte ich bekräftigen: Komm, Herr Jesus. Diese Aufmerksamkeit möchte ich wachrufen: Auf, Gott hat viel mit uns vor, Seele, pack' Liebe ein für die Seligkeit – und lass viel, viel hinter dir. Diese unsere Pilgerseelen möchte ich locken: Traut euch. Haltet die Ohren steif und nix wie durch – durch den ganzen Adventskram hindurch zum Reich Gottes. Heim zur Geschwisterlichkeit. Auf zur Seligkeit. Diesen Pilgerseelen einen herzlichen Gruß!

Hüter, ist die Nacht bald hin?

In einer Symphonie von Mendelssohn-Bartholdy[1] wird sie immer wieder angesungen. Diese Frage nach dem Ende der Nacht. Und sie verklingt in dem Intervall des jüdischen Schofar-Hornes. Feiertage und Verheißung

---

[1] **Sinfonie Nr. 2** in B-Dur op. 52, »Lobgesang« (MWV A 18) von Felix Mendelssohn Bartholdy (Sinfoniekantate)

werden in diesem Ton angekündigt, den man fanfarenartig nennen könnte, wäre da nicht dieser fragende und klagende Ausklang: Hüter, ist die Nacht bald hin? Musik als riesiges Fragezeichen. – Nach diesem gesungenen Satz kann man die Frage wie durch eine Butzenscheibe hören: Wie da ein zeitunkundiger Mittelalterbürger den Nachtwächter um Orientierung bittet. Ein lebendiger Uhrersatz. Hüter, ist die Nacht bald hin?

Doch es klingt mehr mit. Das ist die Frage, die aus allen Nächten herausgeseufzt wird: Wie lange noch, Herr? Wem je irgendetwas existenziell verdunkelt wurde, der kennt dieses seufzende und stöhnende Fragezeichen. Leute, die sich vor Schmerzen nicht rühren können, Menschen, die in Depressionen rutschen und kaum wieder heraus können. Kinder, die einen lieben Angehörigen verlieren. Nachtwachen am Bett von Sterbenden. Leute mit sehr klarem Kopf, die die Situation der Welt und der Menschheit nur als Nacht begreifen können, die doch hoffentlich bald vorüber ist. Die Augen von lange Siechenden, die schon längst nicht mehr sprechen können, dir aber dies Fragezeichen in die Seele tätowieren.

Wer ist der Hüter? Seelsorgern wird oft diese Erwartung entgegengebracht, die doch allein Gott ganz erfüllen kann. Das kannst du gar nicht alles abdecken. Du kannst dich aber auch nicht, wie Kain, herausstehlen aus der Verantwortung mit dem achselzuckenden Hinweis: Bin ich der Hüter meines Bruders? – Hüter, ist die Nacht bald hin? Im Gebet und in der Seele Nischen einrichten, wo diese Fragen aufgehoben werden, nachklingen. Einander stärken in der Abwechslung: Dass verschiedene Menschen Hüter sind. Diese Frage in einem Netz der Hut beherzigen. Und das tun, was das Kommen des Tages fördert. Das können Bruchstücke eines Umgangs mit der Frage sein. Beantworten können wir sie damit nicht. Aber wachhalten und an den weitergeben, der doch alleine der Hüter und der gute Hirt ist.

[Es gibt ein wichtiges Bild von Carl Hofer. Entstanden in der anbrechenden Nazizeit, also in einer Zeit, in der sich die Masse der Deutschen mit dem Gefühl ködern ließ: Es geht aufwärts, wir haben eine glorreiche Zukunft. Damals malte er das Bild »Die Turmbläser«. Die Wächter auf dem Bild frieren in einer Ruinenlandschaft, haben die kommende Katastrophe in den weit aufgerissenen wachtrüben Augen.]

Ja, das Wächteramt, das Hüteramt ist gerade dann angesagt, wenn Katastrophen auf uns zukommen. Die biblischen Prophetenbücher geben uns Einblick in die Visionen dieser Wachenden. Im Französischen sagt man dazu: dieser »Klarsehenden«, dieser »Clairvoyants«. Durch die Katastrophen hindurch sehen sie die neue Welt kommen, die erlösende Selbstmitteilung Gottes und die Seligkeit seines Reiches.

Wer einmal früh aufgestanden ist und das Hinscheiden der Nacht in die Morgendämmerung hinein bewusst wahrgenommen hat und dann den Sonnenaufgang, der möchte diese Stunden nicht missen. So geht es mir auch mit dem Milieu, das mir die Fragen eröffnet: Hüter, ist die Nacht bald hin? Ein adventliches Klima. Vielleicht nicht so gemütlich. Aber einem Aufgang entgegen gehalten. Und so immer näher am Licht, das die Nacht vergessen macht

Kombinieren mit Psalm 130: Mehr als die Wächter auf das Morgenrot, soll Israel harren auf den Herrn, und GL 110, Wachet auf, ruft uns die Stimme.

Rorate – Tauet Himmel

Beginnen mit dem Lied »Tauet, Himmel, den Gerechten« (z. B. GL Diözesananhang LM 802), oder GL 104.

Das uralte Rorate-Bild: Tauet, Himmel, den Gerechten … O Heiland, reiß die Himmel auf …

In dem folgenden Lied wird es auch angesprochen, aber in einem anderen Zusammenhang:

»Just a little rain« von Malvina Reynolds[2]

Just a little rain falling all around,
The grass lifts its head to the heavenly sound,
Just a little rain, just a little rain,
What have they done to the rain?
Just a little boy standing in the rain,
The gentle rain that falls for years.
And the grass is gone,
The boy disappears,

---

[2] Text und Soundbeispiele lassen sich ergoogeln. Man kann auch den deutschen Text leise per Mikro in das laufende englische Lied hineinsagen.

And rain keeps falling like helpless tears,
And what have they done to the rain?
Just a little breeze out of the sky,
The leaves pat their hands as the breeze blows by,
Just a little breeze with some smoke in its eye,
What have they done to the rain?
Just a little boy standing in the rain,
The gentle rain that falls for years.
And the grass is gone
The boy disappears,
And rain keeps falling like helpless tears,
And what have they done to the rain?

Übersetzung:
Nur ein kleiner Regen.
Er fällt überall.
Das Gras hebt seine Köpfe
dem himmlischen Geräusch entgegen.
Nur ein bisschen Regen.
Nur ein leichter Regen.
Was haben die mit dem Regen gemacht?

Nur ein kleiner Bub,
der in dem Regen steht.
In dem zarten Regen,
der jahrelang niederfällt.
Und das Gras ist weg, der Junge verschwunden,
der Regen fällt immer noch
wie hilflose Tränen
Was haben die mit dem Regen gemacht?

Nur ein kleiner Wind
vom Himmel her.
Die Blätter patschen in die Hände,
wenn der Wind vorbeistreicht.
Nur ein sanfter Wind.
Mit ein bisschen Ruß in seinem Auge,
was haben die mit dem Wind gemacht?

Nur ein kleiner Bub,
der in dem Regen steht.
In dem zarten Regen,
der jahrelang niederfällt.
Und das Gras ist weg, der Junge verschwunden,
der Regen fällt immer noch
wie hilflose Tränen.
Was haben die mit dem Regen gemacht?[3]

Das ist keine beschauliche Poesie: Himmel und Tau von oben und sprie-
ßendes Gras und sanfter Windhauch. Das ist sehr real. Tödlich real. Ver-
seuchter Himmel, radioaktiver Tau, zerstrahlter Wind. Hiroshima.
Tschernobyl. Fukushima. Reale Möglichkeit für unsere Generation. Niemand nimmt uns die bange Frage ab: Wird es das wieder geben?

Mit dieser bangen Frage müssen wir leben. Dazu noch mit dem Bewusstsein, dass zu wenige Menschen diese Frage ernst nehmen. Die Frage nach
dem Himmel, dem Regen, dem Wind und dem Gras. Tauet, Himmel.
Just a little rain.

Damit ist auch das Tiefere tangiert. Was in den tiefen Schichten unserer
Seele Himmel, Regen und Wind und Gras bedeuten. »O Heiland, reiß die
Himmel auf ... Schlag aus o Erd, dass Berg und Tal grün alles werd.«

So kommen wir in die Klage: Was haben die mit dem Himmel gemacht?
What have they done to the rain? Was haben die mit dem Regen, dem
Gras und dem Wind angestellt? Was haben die den Kindern angetan,
was haben die uns angetan? What have they done to the rain?

Diese Klage darf nicht verstummen.

Tauet, Himmel – just a little rain – damit ist noch Tieferes angesprochen.
Von Jesaja, dem radikalen Propheten, der auf den kaputten Zustand der
Erde den Tau der göttlichen Initiative herabruft. Friedrich von Spee, der
gegen die Hexenverfolgung protestierte, formulierte diesen Protest als
Urschrei der Menschheit: O Heiland, reiß die Himmel auf. Klingen nicht
auch die Missbrauchsskandale mit: Was haben die mit dem Himmel ge-
macht? Und wenn mancher seine persönliche Landschaft betrachtet:
Tauet, Himmel – What have they done to the rain?

---

3   Übersetzung Albert Dexelmann

Deshalb aber nicht verstummen. Es in den Himmel rufen. Es aus der Erde heraushören: Wie lange noch?

Maranatha. Komm, Herr, reiß die Himmel auf. Sprenge die Verschlossenheit. Lass die Wolken der Depression brechen. Treibe aus der Erde und durch den Asphalt. Wo bleibst Du?! Leuchte! Das Licht deiner Hoffnung in unsere verstrahlten Beleuchtungen. Unseren verirrten Sonnen entgegen.

Ein Protestschrei, ein Gebet, eine riesige Frage, ein wortloses Seufzen. Melodie des Advent. Tauet, Himmel – just a little rain.

Just a little rain – noch einmal abspielen.
Singen: O Heiland, reiß die Himmel auf.

Bildmeditationen

Zweig aus dem Stumpf Isais
Abgesägter Stamm
gekappte Hoffnung
das alte Wachstum
liegt frei.
Jahresringe von
Sehnsucht und Sorgen,
Einschnitt und Enttäuschung.

Tradition –
ein Stumpf,
der nur noch
zum Draufsetzen oder Ausruhen taugt
oder als Hackklotz?

Aber die Hoffnung
ist stark.
Wächst neben heraus
noch einmal neu.

Astrein ist die Hoffnung nicht,
sondern oft gekappt.
Vielleicht ist nur noch
ein kleiner Spross übrig,
Aber er wird
Frucht bringen.

Geknickt

Ich habe praktisch nachgedacht über die Jesaia-Verheißung vom Gottesknecht: »Das geknickte Rohr zerbricht er nicht.« Ich nehme mal einfach an, dass damit ein Gebrauchsgegenstand aus Schilfrohr oder etwas Stärkerem gemeint ist. Und der, auf dem der Geist Gottes liegt, der kann das noch brauchen. Er lässt sich etwas einfallen, es aufzurichten, den Riss zu kitten, zu schienen vielleicht, aber er bricht's nicht, er kann's noch brauchen, und schämt sich dessen nicht, ein geflicktes Teil zu benutzen.

Unmut über so eine quasi-materialistische Bibelinterpretation? Sie haben recht: Damit ist doch kein Holzteil gemeint, sondern mit dem geknickten Rohr, damit ist doch der Mensch gemeint. Also beherzigen wir das mit dem Knick. Eine nüchterne Tatsache, der wir uns auf vielen Umwegen nähern. Wer von uns ist nicht geknickt? Wer von uns hat keinen Sprung? Ich will nicht Wehleidigkeiten verbreiten. Aber doch die Frage nach dem Kaputten oder Ganzen dort festmachen, wo sie wurzelt: in unseren eigenen Knicken und Sprüngen! Geknickt sein von Macht und Geld, die stärker sind als Liebe und Ehrlichkeit. Geknickt sein von Druck und Einfluss. Geknickt sein von Schocks und Depressionen ... Man könnte eine Litanei der Knicke und Sprünge schreiben. Und wie leicht das bricht: Wem sage ich das! Aber das ist ja auch nur Vorrede. Das Wichtigste ist die Erfahrung der Stützung, der Aufrichtung. Wie der Gärtner die nach dem Sturm runtergeknickten Pflanzen aufrichtet, sich etwas einfallen lässt, um sie zu stützen, zu schienen. So nimmt dich die Hand Jesu auf. Ihm fällt etwas ein, auch wenn es Zentnerlasten sind, unter denen du einge-knickt bist. Er wirft dich nicht weg, sondern verteilt die Last. Stützt und schient. Ja, das sehen Sie richtig, das ist nicht nur ein innerer Vorgang, der Heiland lässt uns nicht alleine damit, sondern wie ein guter Arzt schient er das geknickte, gibt ihm eine Stütze zur Seite. Ob wir selbst auch dazu taugen, solche Schienen zu sein für geknickte Menschen. Solche Bohnen-stangen für junges Leben, das heute oft früh geknickt ist? Ich meine, wer selber geknickt und aufgerichtet ist, taugt am besten als äußere Stütze. Und wann immer die nicht mehr gebraucht wird, freue dich und staune über die Heilung und den Heiland, der das geknickte Rohr nicht bricht.

Glimmender Docht

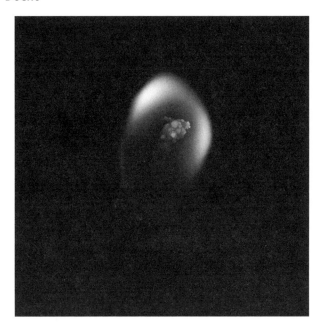

In demselben Jesaia-Vers noch ein zweites, ungemein dichtes Bild: »Den glimmenden Docht löscht er nicht aus!« Wir gehen zunächst sozusagen materialistisch heran: Wie geht man mit einem glimmenden Docht um? Ich empfehle Ihnen dazu die Gebrauchsanleitungen der Kerzenfirmen und eine Dochtschere.[4]

---

4   Oder die sechs Seiten im »Siebenkäs« von Jean Paul, überschrieben mit: »Nuntia-turstreitigkeiten über das Lichtschneuzen«. Ein junges Ehepaar, Literat und Sti-ckerin, sie arbeiten zusammen armutshalber an einer Tranfunzel. Und nichts wie Zoff um das Lichtschneuzen, d. h. die Frage, wie denn dieser Docht zu behandeln

Sie wissen es, dass jeder Mensch im Anfang eine innere Glut mitbekommen hat. Die ist irgendwann einmal entzündet worden von Liebe. Von der Ahnung des Reiches Gottes. Von der Sehnsucht nach Seligkeit. Oh, das glüht. Auch wenn sich einer sonstwo rumgetrieben hat, auch wenn von weitem nun wirklich keine Flamme auszumachen ist. Auch wenn sich so ein Mensch selbst als einen erloschenen Vulkan ansieht, als einen Haufen kalte Asche. Gott weiß es besser: Da glüht noch etwas. Da ist noch ein Funke. Was für eine Kunst, mit dem glimmenden und verglimmenden Docht so umzugehen, dass er wieder richtig brennt.

Da kommt einer zu einer Beerdigung und kriegt kaum mehr das Vaterunser auf die Reihe, aber da glüht noch etwas.

Da ist jemand ganz enttäuscht von Gott und den Menschen und schüttet es mit Bier zu – da glüht noch etwas.

Da rennt einer halbe Tage durch die frostige Natur und hat nur noch Vertrauen zu den paar frierenden Tieren, denen er da begegnet: Da glüht noch etwas.

Da hat jemand vor ein paar Jahren unterschrieben, dass sich in der Kirche mal endlich was ändern soll: Da glüht noch etwas.

Kollegen erleben es beim Weggang aus der Gemeinde ganz deutlich. Leute, denen man das nie zugetraut hätte, die engagieren sich für ihre Kirche, für ihren Seelsorger: Da glüht noch etwas. Damit umgehen. Das hegen und pflegen und wieder zum Aufflackern bringen. Was für eine Kunst. Den glimmenden Docht nicht zu löschen! Wie hat Jesus das gepackt? Wie hat Jesus das angestellt? Wie ist ihm das gelungen?

Einmal, weil er selbst eine große Glut in sich getragen hat. Liebe direkt aus Gott. Deshalb konnte er glimmenden Dochten etwas abgeben. Ja, so verteilt sich die Erlöserliebe. Aber nicht unerschöpflich. Sondern in das Erkalten und Sterben am Kreuz hinein!

Im Advent kommt immer wieder das Kerzensymbol vor. Ein ganz simples Prinzip: Eine Kerze macht die ganze Dunkelheit hell. Die ganze Dunkelheit der Welt schafft es nicht, eine Kerze auszukriegen. Vor allem junge Leute, besonders pubertierende, spricht das an. Die wollen selber so eine unerschöpfliche Quelle von Licht und Wärme sein. Suchen alles

---

sei, damit er nicht zu viel brennt und rußt, oder zu wenig und ausgeht. Jean Paul, Siebenkäs, 2. Bändchen, 5. Kapitel

Kaputte, alle Kältezonen auf und bringen sich voll ein, idealistisch, mit Power. Ich kenne die Geschichten von einigen dieser Power-Frauen und Männern. Das Tauchsiedersyndrom: Sie hängten sich überall rein. Aber sie hatten nicht ewig Wärme zu spenden. Irgendwann nur noch ein Glimmen. Irgendwann die ganz schlimme Erfahrung: Burnt out. Ausgebrannt, ganz erloschen.

Warum konnte Jesus so gut mit dem glimmenden Docht umgehen? Ich meine, deshalb, weil er ganz ganz tief um die Gefährdung der Vergeblichkeit wusste. Um den Frust, in dem alles zu Asche werden kann. Dein Heiligstes kann dir erstarren und erkalten. Das ist die Feineinstellung des menschlichen Brenners, möchte ich einmal sagen: Um das Licht bangen. Verständnis haben für die, denen kein Licht und kein Stern mehr leuchtet, sondern sich nur noch ein Rest Asche totzuqualmen scheint. Wissen um das Burnout-Syndrom.

Also: Etwas glüht in jedem. Aber du bist nicht wie ein Tauchsieder für das zugefrorene Meer, nicht das einsame Licht, das die ganze Dunkelheit hell machen muss. Die Träne, die den Winterschnee wegtaut.[5]

Sondern ein Wärmeteil wie andere auch. Darfst auch mal ausbrennen. Wirst dann nicht gleich ausrangiert. Es gibt die Kunst, das Verglimmende wieder zu entflammen. Aber diesmal anders. Nicht zum Verheizen. Sondern als ein Element, dem immer wieder von neuem Licht und Wärme gegeben wird.

Nein, nicht löschen. Da wäre den Kirchenleuten einiges dazu zu sagen: Um Himmels Willen nicht löschen! Löscht den glimmenden Docht nicht. Löscht den Geist nicht aus! Sondern: Glimmendes und Verglommenes anfachen. Um es auf eine neue Weise zum Brennen zu bringen. Wie das ewige Licht. Nicht, weil du ewig brennen könntest. Aber weil der Ewige so mitzittert in deinem Verglühen. Und dich einstiftet in die Erfahrung: »Sehet, die zweite Kerze brennt. So nehmet euch eins um das andere an.«. Weil Geschwister so mitbangen um dein Verglimmen, dass du getränkt wirst mit neuem Brennstoff, der Seligkeit entgegen.

---

5   Franz Schubert: Winterreise

Warten nervt. Man kann es auch interessant ausfüllen. Was machst du, wenn du wartest: Am Bahnhof, an einem Treff? Mit dem Handy spielen. Durchzappen durch die Angebote, die Websites, die Spiele, die Kontakte. Mailbox abhören, SMS, Twittern ... Viel Mist ist dabei. Aber auch edle Spuren.

Das Handy unserer Seele. Und die Kontakte mit Gott. Wie kommen wir da zueinander? Gott gibt uns viele Impulse, den lieben langen Tag lang. Er kommt aber meistens nur bis zur Mailbox der Seele. Dahin leiten wir sein Anklopfen automatisch um. Weil wir ja »weiß Gott« mit anderen Sachen zu beschäftigt sind. Und wir haben Gott auch dran gewöhnt, dass er sich besser diskret bedeckt hält, wenn wir »Weiß Gott!« sagen. Aber er meldet sich. Penetrant. Nicht immer mit demselben Ton. Aber in den Geheimsymbolen, die das Herz versteht.

Adventlich warten: Die innere Mailbox der Seele abhören, auf der Gott sich gemeldet hat.

- Die Begegnungen mit so vielen Menschen werden verhuschen mit dem Vergang des Tages. Aber durch einzelne Menschen hat mir Gott Impulse gegeben. Durch sympathische Menschen, durch problematischen Menschen, durch glückliche Menschen, durch elende Menschen. Solche Begegnungsimpulse noch einmal beherzigen.
- Auch die Erfahrung der Natur: Landschaften, Bäume, Vögel, Eiskristalle, Abendrot und Sternenhimmel. Ja, ich hatte »Weiß Gott« anderes zu tun: Autofahren, planen, kalkulieren ... Aber jetzt spüre ich. Diese Erfahrungen sind nicht nur zum Weglöschen da. Gott hat mir diese Impulse für meinen Seelenspeicher gegeben. Und der dürstet »weiß Gott« nach diesen Bildern. Kaputte Eindrücke kriegt er genug rein.
- Die Sachen, die gelungen sind. Du hast es gepackt. Es hat geklappt. Die Anstrengung war nicht umsonst. Du bist rechtschaffen müde. Auch wenn dein Anteil im Teamergebnis kaum sichtbar ist. Gott fühlt sich mit berührt davon. Schau mit ihm zusammen noch mal auf das Werk. »Und Gott sah, dass es gut war«. Diesen Blick spüren.
- »Dumm gelaufen«, Eindrücke unter einer solchen Überschrift öffnen wir nicht gerne noch einmal. Schauen wir sie uns aber noch mal zu-

sammen mit Gott an. Das dient unserer Ehrlichkeit. Und seine Sicht kann heilsame Umkehr bewirken.
- Manchmal ist es wie ein Versteckspiel: Die Anwesenheit oder Abwesenheit Gottes aufspüren, wahrnehmen, ihn »am Saum seines Gewandes« festhalten. Ja, um der Liebe willen hat Gott sich nicht aufgedrängt. Aber er hat sich um der Liebe willen versteckt in meinen Erfahrungen.

Über dieses selige Suchen und Finden habe ich Gott noch etwas zu sagen. Ein Rückruf lohnt.

12. Persönliche Gebete im Advent

Man kann Flyer / Auslegeblätter mit den Gebeten drucken und diese im Advent zum Mitnehmen für die Kirchbesucher auslegen. Auch als Zugabe für den einen oder anderen Brief denkbar.

Morgengebete im Advent

Kalenderblatt
Gott meiner Lebenszeiten.
Der frische, unverbrauchte Tag!
Das neue Kalenderblatt erinnert mich daran.
Wir blättern mal wieder gemeinsam
in diesem Tagebuch meines Lebens.
Ganz leer ist es noch auf dieser Seite.
Was wird eingetragen werden?
Welche Farbe hat das Leben heute?
Wer trägt sich ein?
Welche Handschrift prägt?
Ja, es wird spannend.
Schreibe du mit.
Male du mit.

Allez hopp!
Du Schöpfer,
der du der große Ursprung bist.
Unseren Anfängen bist du
mit deiner ganzen Schöpferkraft verbunden.
Jesus hat es angestiftet in uns,
das Anfängerstaunen,
das Anfängervergnügen,
das Anfängervertrauen,
das Anfängerzittern.

Ich stehe darauf, wie auf einem Sprungbrett.
Und starte in den neuen Tag.
Allez hopp!

Sonnenaufgang

Endlich habe ich es mir geschenkt,
Herr des Himmels und der Erde,
den Sonnenaufgang zu erleben.[1]
Wie sich das schwache Morgenrot
faszinierend angereichert hat.
Millionen Lichtpixel haben das Grau herausgedrückt.
Stehende Farbenwolken kündeten erzitternd
die Kommende.

Immer satter die Kontur des gezähnten Horizonts.
Kristallklar der erste Strahl.
Und langsam, aber mit stetiger Kraft
steigt die Sonnenscheibe.
Mit wachsender Wucht
ist alles anders
auf der Licht trinkenden Erde,
angerührt in einem mächtigen Klang.

Dieses Erlebnis taucht meinen Sinn
in die Realität vor dir.

Geheimnis
Majestät
Verwandlung
Wärme
Lebensursprung

Die Hände meines Herzens hat dies Licht
wie magnetisch zu dir hin erhoben.
Und bis zum Abend
werde ich sie kaum
sinken lassen können.

---

[1]   Natürlich nur mit Spezialbrille.

Adventsabend
Gott meiner Zukunft,
alles hat seine Zeit.
Geschäfte, Termine, Arbeit,
hin und her, das alles hatte seine Zeit
an diesem Tag, der hinter mir liegt.
Und nun der Abend.
Was ist das für eine Zeit?
Ich möchte meinen:
die der gesegneten Ruhe.

Da gibt's aber noch die Ahnung
von einem Aufbruch,
von einem Gerufenwerden.
Ich will sie nicht ganz einschläfern,

sondern ein inneres Ohr
wach halten.
Lauschen mit der Seele
auf deinen Ruf,
wie der junge Samuel,
wie Josef und die Sterndeuter
in ihren Aufbrüchen,

im Bannkreis der Krippe.

Hüter, ist die Nacht bald hin?
Gott aller Schlaflosen
und Nachbekümmerten.
Von manchen forderst du
extreme Wachsamkeit.
Ja, es gibt eine ganze Kette
von Brüdern und Schwestern,
die sich im Wachen abwechseln.
Die das »Warum?«
und »Wie lange noch?«
aushalten.

Leergeräumtes Wachen
im Schofar-Intervall
mit denen,
die vor Pein nicht ans Schlafen kommen.
Ihr Seufzen zieht auch
in meinen tiefen Schlafatem ein.
Es geht nicht ins Leere.
Pulsiert dem Hüter entgegen.

Diese Fragen
liegen im Abendhauch.

Betaue sie
mit den Strömen deines Erbarmens.

Fülle der Zeit

Gott, man sagt von dir,
dass du kommst
in der Fülle der Zeit.
Ein schönes Bild:
Die Zeit ist erfüllt.
Ob es mir hilft,
auf diesen Tag zu schauen?
Hat sich die heutige Zeit erfüllt?
Oder verplempert oder verduftet?

Du willst sie mir
als Heilszeit nahe bringen.
Lass uns im Gespräch bleiben
und diesem Geheimnis

der erfüllten Zeit
auf der Spur.

Tischgebete im Advent

Leerer Teller
Guter Gott.
Wir schauen auf den leeren Teller.
Der sagt uns etwas
von Aufnahmebereitschaft.
So ähnlich könnten wir
der Fülle des Lebens
gewärtig sein,
die du uns verheißen hast.
Stärke daraufhin
unsere Freude.

Großer Tisch
Gott aller Menschen.
Wir setzen uns an diesen Tisch.
Er zeigt uns ein bisschen
auch den viel größeren Tisch an,
zu dem du die Menschheit
einlädst in dein Reich.
Viele, viele Menschen sind dazu gerufen.
Von überall her.
Hier sind wir eine kleine
und überschaubare Tischgemeinschaft.
Halte uns offen
für die große Gesellschaft der vielen,
die zum Gastmahl deines Reiches gerufen sind.
Mit ihnen allen rufen wir dein Lob aus
durch Christus, unseren Bruder und Herrn.

Heilung
Herr, unser Gott.
Wo immer ein paar Leute
Speis und Trank miteinander teilen,
kann etwas geheilt werden
von der tiefen, alten Wunde
der menschlichen Verfeindung.
So willst du auch uns

an diesem Tisch haben:
ausgesprochen geschwisterlich –
Teil und Element der Heilung,
die du der Menschheit geschenkt hast
durch Christus, unseren Heiland.
In ihm loben wir dich
auf die geheilte Gemeinschaft hin,
die von hier aus wachsen darf
in seinem guten Geist.

13. Impuls in den letzten Tagen vor Weihnachten

Was kann uns öffnen
an diesen letzten Tagen vor Weihnachten?
Was kann unser Wesen wie eine Schale ausfalten,
die harrt auf die selige Erfüllung durch Gott?
Fast jeder von uns, vor Weihnachten
danach gefragt, wird sicher antworten:
Abschalten – Ruhe – Stille ...
Das fehlt uns noch.
Das muss noch stark werden
auf Weihnachten hin.

Sehr ruhiges Zwischenspiel (½ Minute)

Nehmen wir dies auf.
Versuchen wir, ihr langsam Raum zu schaffen.
Der schlichten Stille.
Wie kann ich sie finden?
Mein Atem hilft mir.
Nichts wie Stille.
Ich spüre die Unruhefedern.
Sie sind noch aufgedreht in mir.
Die Hektik innen ausklingen lassen.
Atmen, lauschen.

Sehr ruhiges Zwischenspiel (½ Minute)

Dasitzen und gar nichts tun.
Ja, die Hände in den Schoß legen.
Wie schwer das sein kann.
Aber es macht Sinn.
Dieses Nichtstun, dieses Schweigen.
Verzettelungen werden nach innen zurückgenommen.
Es wird stark in mir,
das Harren,

das Freuen,
das Lieben.

Sehr ruhiges Zwischenspiel (½ Minute)

Unser Mittelpunkt liegt voraus.
Nur, was kommt, ist wichtig.
Nur, wer kommt, ist wichtig.
Wir bekommen Besuch.
Gott selbst.
Gott kommt uns entgegen,
Gott ist entgegenkommend.
Wenn er käme,
und wir wären überall beschäftigt.
Bloß nicht bei uns.
Bloß nicht daheim?

Sehr ruhiges Zwischenspiel (½ Minute)

Wir sollen schon gut beisammen sein,
wenn er kommt.
Er will uns gesammelt,
aufmerksam
und wartend,
das Herz an der Tür.
Mach dich bereit.
Stille Bereitschaft.
Wortloses Beten.
Still ihm entgegen.
Stille Gottseligkeit.
Amen.

Es können 2 oder 4 Solisten leise den Kanon: Nun sei uns willkommen, Herre Christ (z. B. GL Diözesanteil LM 807 oder EGB 22) singen, gerne öfter wiederholt.

14. Weihnachtsgrüße aus dem Pfarrhaus –

Briefvorlagen für besondere Anlässe

Brief an »Künstler« zur Gestaltung eines adventlichen Krankenbriefes.

Diese Künstler können Kinder aus der Gemeinde sein, vielleicht findet sich auch ein Kunstlehrer an der örtlichen Schule, der sich der Aktion in einer Unterrichtsstunde annimmt, oder ein Familien-Hauskreis, eine Kommunion- oder Firmgruppe ...
Den Brief finden Sie als MS-Word-Vorlage auf der beiliegenden CD-ROM.

Liebe/r ...,

bitte, hilf mir. Wir haben einen Adventsgruß für die Kranken geschrieben und brauchen dazu Bilder. Denn die Worte allein können das Licht nicht weiter geben.

Kannst du ein paar dieser Briefe mit Bildern verzieren? So, wie es Dir einfällt? Deine Idee hat Vorrang!!! Wenn Dir gar nichts anderes einfällt, dann male einfach eine Tür oder ein Fenster, wodurch Licht fällt. Das wäre gut. Je einfacher und mit weniger Farben, um so besser.

Such dir selber eine Technik aus: Wachsstifte, Wasserfarben, Buntstifte, Computerpainting, Collage, Abreibung, Linoldruck, Batik, Metalldrücken ...

Ich bin mir sicher, du wirst den kommenden Advent in diesem Jahr anders erleben, wenn du bei dieser Aktion mit dabei bist. Auf jeden Fall hilfst du uns, vielen Menschen in diesem Ort eine Freude zu machen.

Bitte bis zum 1. Advent wieder in die Gemeinde zurückbringen.

Ganz herzlichen Dank im Voraus.

Anlage: Innen bedruckte Briefkarten

Adventszeit

Brief an Kranke in der Gemeinde

Diesen Brief finden Sie als MS-Word-Vorlage auf der beiliegenden CD-ROM.

Ein Gruß zum Advent

Kinder haben uns das Urbild der Verheißung gemalt: Aus dem abgestorbenen, hoffnungslos erscheinenden Stamm sprießt junges Grün. Wir betrachten und besingen dieses Geheimnis auf Weihnachten hin. Beherzigen das Versprechen Gottes, dass er sich derer annimmt, deren Lebensvertrauen ausgelaugt scheint von Schmerzen, Sorgen, Krisen, Schwächen ...

Der Erlöser ist nahe, und da ist die kleine Knospe, aus der er uns entgegenwächst mit Verständnis und Trost. Mit Zärtlichkeit und Zuwendung. Mit der Vorahnung der Güter, die die Welt nicht gibt. Mit der Spur der Ewigkeit in unsere schwindende Zeit hinein.

So lassen Sie sich dieses kleine Zeichen der hoffnungsvollen Verbundenheit überbringen. Wir spüren, dass die herzliche Verbundenheit mit Ihnen unsere Herzen adventlich bildet, öffnet, in Liebe formt. Ja, wir wünschen Ihnen von Herzen, dass ihre Hoffnungsknospe aufgeht in die Liebeszukunft, die Gott bereitet.

In diesem Sinne wünschen wir Ihnen einen gesegneten Advent und ein gnadenreiches Weihnachtsfest
Ihre

Pfarrer / Pastor / Mitarbeiter/in PGR

Brief an Pflegende

Diesen Brief finden Sie als MS-Word-Vorlage auf der beiliegenden CD-ROM.

Was ist das für eine menschliche Situation? Wo Menschen in Schwäche und Elend geraten. Wo andere ihnen in dieser Situation zur Seite stehen. Wo sie miteinander in vielen alltäglichen Handreichungen eigentümlich verwachsen.

Da sie sich dieser Situation stellen, wird ihre Menschlichkeit extrem gefordert. Von außen kann man es wohl kaum ermessen, was das heißt. Wir ahnen, dass Menschen über sich hinaus wachsen. Dass sie aber auch an Grenzen kommen.

Dass Schätze der Liebe reifen, die keiner ahnt. Im Advent fühlen wir uns denen besonders verbunden, die sich dem Ernstfall der Liebe stellen. Ob Sie Verständnis und Entlastung finden, teilnehmen können an dem Aufatmen, das der Schöpfung im Hinblick auf den kommenden Erlöser verheißen ist? Vielleicht können wir ein bisschen Unterstützung vermitteln. Bitte sprechen Sie uns an.

Sie sollen wissen, dass Sie nicht vergessen sind. Lassen Sie sich den Advent nicht in Wehmut vergrämen! Gönnen Sie sich die Freude und kultivieren Sie sie. Es naht der, der die Verstrickungen des Elends und der Einsamkeit aufsprengt. Das Wunder seiner Erlösung kommt uns entgegen. In diesem Sinne wünschen wir Ihnen und Ihren Lieben einen erhellten Advent, ein gesegnetes Weihnachtsfest und ein gutes Neues Jahr.

Ihre

Pfarrer / Pastor / Mitarbeiter/in PGR

Brief an polnische Krankenpflegerinnen

Diesen Brief finden Sie als MS-Word-Vorlage auf der beiliegenden CD-ROM.

Liebe Schwestern im häuslichen Krankendienst,

der Advent beginnt. So möchten wir Ihnen ein kleines Segenszeichen schicken. Advent im fremden Land – da kann die Seele schon Heimweh bekommen. Da müssen die Hoffnung und die Liebe neu aufgerichtet werden. Menschen im letzten Lebensabschnitt zu begleiten, das ist eine adventliche Berufung: Sie dürfen mit denen, die Sie pflegen und ihren Familien vorausschauen auf die künftige Vollendung. Und die leibliche Barmherzigkeit der Liebe ist ein guter Weg dorthin.

So wünschen wir Ihnen den Segen des kommenden Christus und den Schutz der Gottesmutter. Nehmen Sie auch Grüße von uns mit an Ihre Lieben zu Hause, wenn Sie Weihnachten dorthin fahren.

Gesegnete Feiertage und einen guten Weg in ein neues Jahr der Gnade wünsche ich Ihnen im Auftrag der ganzen Gemeinde.

Ihre

Pfarrer / Pastor / Mitarbeiter/in PGR

Drogie SIOSTRY W DOMOWEJ OPECE CHORYCH I POTRZEBUJĄ-CYCH!

Dziękujemy za Państwa zaufanie, wiernoś i przyjemną współpracę. Życzymy Państwu radosnych i błogosławionych świąt Bożego Narodzenia, wiele szczęścia, zdrowia i sukcesów w nowym roku.

Vorschlag für eine Weihnachtsgrußmail

Die Mail finden Sie als MS-Word-Vorlage auf der beiliegenden CD-ROM.

Wie
wäre es,
Gott, wenn
ich dieses Jahr
in meinem Herzen
einen Baum schmücke
mit besonderen Kerzen. Jede
trägt den Namen einer meiner
Freunde. Freunde, die nah sind und
in der Ferne. Die ich jeden Tag sehe und
die ich nur selten treffe. An die ich mich immer
erinnere und die ich manchmal vergesse. Die dauer-
haften und die gelegentlichen. Die der schweren Stunden
und der glücklichen. Die mir vertraut sind und die ich nur vom
Sehen kenne. Meine bescheidenen Freunde und die wichtigen. Die
Namen aller, die meinen Weg kreuzen. Ein Baum mit tiefen Wurzeln,
damit sich ihre Namen nie aus meinem Herzen verlieren.
Mit starken Wurzeln,
damit die
vergangenen Namen
aus aller
Zeit sich mit den
jetzigen vereinen.
Damit unsere
Freundschaft
ein Moment
der Ruhe sei
im Wirbel des Lebens.

Dazu Gruß und Segen

Adventszeit

Weihnachten

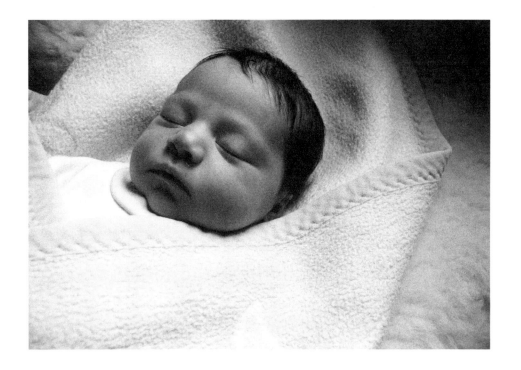

Stille Nacht, heilige Nacht ...

… die himmlische Ruhe spüren!

15. Kein Zimmer frei in Bethlehem

Kinderkrippenfeier

Begrüßung und Kreuzzeichen

Lied

Seht, die gute Zeit ist nah oder
Macht hoch die Tür

Gebet

Lieber Gott, wir feiern Weihnachten, die Geburt Jesu.
Du machst uns das größte Geschenk, ja eine große Freude.
Hell wird unser Leben. Wir freuen uns darüber unser Leben lang. Das ist schön. Wir wünschen, dass jedes Kind auf der Welt lachen kann, dass jeder Mensch einen Freund hat, dass jedes Volk Frieden hat. Amen.

Weihnachtsspiel

Mitspieler/innen: Josef, Maria, Gabriel, Angela, Angelo, Wirt, Wirtin, Ruben, Markus, Bote, Abram, Lukas, Engelchor

Einführung
Erzähler: Josef und Maria haben einen weiten Weg nach Bethlehem hinter sich. Müde und erschöpft haben sie nach langer und beschwerlicher Reise am Ende des Tages die Stadt erreicht. Müde und erschöpft suchen sie ein Zimmer für die Nacht.
Doch es ist kein Zimmer frei in Bethlehem.
Lernen wir nun zwei hartnäckige Engel kennen – Angelo und Angela –, die Maria und Josef ein Quartier in Bethlehem verschaffen.

Lied
Alle Jahre wieder

Krippenspiel
Der Engel Gabriel ruft zwei Engel:

Gabriel: Angelo! Angela! Eilt nicht davon, ihr zwei! Kommt her zu mir. Bleibt stehn.

Angela: Der Engel Gabriel ruft uns.

Angelo (mit Pudelmütze): Der große Engel Gabriel. Was will er nur von uns?

Gabriel: Ihr werdet nicht in den Himmel zurückeilen! Ihr werdet auf der Erde bleiben.

Angela: Wir sollen auf der Erde bleiben? Warum?

Gabriel: Lasst euch überraschen. Engel werden überall gebraucht.

Gabriel geht.

Angela: Was sollen wir nur tun?

Angelo: Hörst du den Lärm und das Geschrei?

Angela: Ein Bote des Kaisers ist unterwegs.

Die beiden Engel treten zur Seite. Der Bote des Kaisers kommt mit einer großen Rolle. Das Volk – alle Kindergartenkinder, die in den ersten Reihen sitzen – setzt sich in Bewegung. Dazwischen sind Maria und Josef.

Bote: Befehl des Kaisers: Alle Bewohner des Reiches müssen sich in Steuerlisten eintragen. Jeder soll dazu in seinen Geburtsort gehen.

Angela: Da reisen sie los. Zu zweit, zu dritt. Von Jericho nach Kapernaum, von Naim nach Jerusalem.

Angelo: Von Nazareth nach Bethlehem.

Angela: Nach Bethlehem?

Angelo: Natürlich, da müssen wir beide hin, um Maria und Josef zu finden.

Angela: Sie brauchen ein Zimmer, und das wird nicht leicht.

Angelo: Was stehen wir noch hier rum! Nichts wie hin!

Die beiden Engel gehen.
Die Melodie des 1. Liedes wird wiederholt.

Weihnachten

Maria und Josef kommen zum Gasthaus »Zum guten Engel«. Die beiden Engel stehen im Hintergrund.

Maria: Dort drüben scheint was zu sein. »Zum guten Engel!«

Josef: Dort lässt man uns bestimmt rein.

Sie gehen zur Tür und klopfen.

Wirtin: Wir haben keinen Platz mehr.

Josef: Es kann der winzigste Raum sein.

Wirt: Wir schlafen selbst schon in der allerletzten Kammer. Geht weiter. Hier ist kein Platz mehr für euch!

Josef: Gibt es noch ein Gasthaus? Irgendeins?

Wirtin: Den Königshof da drüben. Aber der ist bestimmt auch schon voll.

Maria und Josef gehen langsam davon.

Angela: Sie lassen die beiden einfach gehen.

Angelo: So herzlos kann doch keiner sein.

Angela: Wir müssen was unternehmen, sonst bekommen wir Ärger mit Gabriel.

Sie klopfen lautstark an das Tor und singen – im Wechsel mit den Wirtsleuten – das Lied: Aufmachen! Aufmachen! (Krenzer/ Fietz)

Wirt: Die Polizei? Warum seht ihr heute so anders aus?

Angela: Spezielle Dienstkleidung! Wenn wichtige Dinge geschehen, sind wir entsprechend gekleidet.

Angelo: Wir brauchen ein Zimmer! Sofort!

Wirtin: Wir haben leider kein Zimmer mehr.

Angela: Und eure Kammer?

Wirt: Auch belegt. Aber da wäre noch der Stall. Das müsste gehen. – Für eine Nacht.

Wirtin: Wir werden dann morgen weitersehen.

Angelo: Den Schlüssel!

Wirt: Der Schlüssel ist hier.

Angela: Gute Nacht.

Sie nehmen den Schlüssel und gehen. Sie laufen hinter Maria und Josef her.

Angelo: Hallo, ihr zwei! Kommt zurück.

Angela: Wir haben einen Stall für euch.

Maria: Euch hat der Himmel geschickt.

Josef: Kein Zimmer im Hotel, aber immerhin einen Stall!

Angelo: Hier ist der Schlüssel! Geht schon vor. Wir holen noch Licht.

Josef: Wer seid ihr?

Angela: Frag nicht! Wir tun nur, was Gott von uns will.

Maria: Beeilt euch. In dieser Nacht wird Gottes Sohn zur Welt gebracht!

Josef und Maria gehen. Angelo und Angela klopfen und singen erneut: Aufmachen! Aufmachen!

Angelo: Fürchtet euch nicht.

Angela: Wir brauchen Licht.

Wirtin: Natürlich, das haben wir vergessen.

Sie kommen mit einer brennenden Laterne und einem Päckchen.

Wirt: Hier habt ihr noch was zu essen.

Angelo: Danke.

Der Wirt schließt die Tür. Die beiden Engel gehen mit dem Licht davon.

Lied: Mache dich auf und werde Licht (TR 507)

Die beiden Engel kommen wieder, klopfen und singen zum dritten Mal: Aufmachen! Aufmachen!
Wirt und Wirtin kommen im Morgenmantel an die Tür.

Wirtin: Was ist denn nun schon wieder? Lass uns endlich in Ruhe.

Wirt: Wir haben noch kein Auge zugemacht!

Angela: Wir brauchen Tücher und heißes Wasser. Heute Nacht wird im Stall ein Kind zur Welt gebracht.

Sie bekommen Tücher und einen Eimer mit Wasser.

Angelo: Vielen Dank. Maria und Josef werden sich freuen.

Angela: Habt ihr schon den Stern dort oben über dem Stall gesehen? Ein Wunder ist im Stall geschehen.

Wirt: Wir kommen morgen. Jetzt wollen wir schlafen.

Weihnachtsvangelium: Lukas 2,1–14 (Vom Gottesdienstleiter, nach Möglichkeit gesungen)

Lied: »Kommet, ihr Hirten«

Die Hirten kommen in einem langen Zug und bleiben vor der Tür des Gasthauses stehen.

Abram: Hier muss es sein! Drum haltet an,
damit ich einmal fragen kann.

Markus: Seht ihr den Stern dort oben stehn?
Hier ist das Wunder heut geschehn!

Lukas: Beeilt euch jetzt! Klopft an und fragt,
damit uns jemand etwas sagt.

Ruben: Hier schläft ja alles! Schaut's euch an.
Ob man die Leute wecken kann?

Markus: Na klar! Uns hat man auch geweckt
und außerdem auch noch erschreckt.

Wirtin und Wirt öffnen die Tür und kommen heraus.

Wirtin: Ich ziehe mich, so wie mein Mann,
zum vierten Mal heut Nacht jetzt an!

Wirt: Kaum sind wir eingeschlafen,
da kommt ihr mit den Schafen
und macht nur Lärm, oh, Mannomann,
dass kein Mensch schlafen kann!

Wirtin: Weckt ja die Gäste nicht heut Nacht!

Abram: Ein Schaffell hab ich mitgebracht.

Ruben: Voll frischer Milch den ganzen Krug!
　　Das ist fürs erste mal genug.

Markus: Schafskäse bring ich ihnen heute.
　　Ich hoff, ihn mögen diese Leute.

Lukas: Den Schal, den hab ich selbst gestrickt.

Wirt: Ihr Hirten, macht mich nicht verrückt!
　　In diesem Haus, seht das doch ein,
　　zog keiner mit 'nem Baby ein!

Abram: Es soll doch hier geboren sein!

Wirtin: Natürlich! Ja, jetzt fällt mir's ein:
　　In unserm Stall, da wohnen sie!
　　Das Kind, es kam wohl in der Früh.
　　Vielleicht war's auch nach Mitternacht.

Lukas: Im Stall das Kind zur Welt gebracht!
　　Ja, richtig! Geht nur hin zum Stall!
　　So sagten's doch die Engel all.

Markus: Dort hinten sagt ihr, hinterm Haus?

Wirt: Geht einfach in die Nacht hinaus.
　　Erst rechts, dann links und geradeaus.
　　Wir schließen noch mal ab das Haus.

Wirt und Wirtin gehen vom Hotel zur Mitte

Wirtin: Ein Wunder ist im Stall geschehn.

Angelo: Das könnt ihr ja nun selber sehn!

Wirt: Oh, Mannomann, war ich verrückt!
　　Ich hab die beiden fortgeschickt.
　　Will alles, was ich tat, bereu'n!
　　Wer kann mir armen Mann verzeih'n?

Angela: Sei froh! Das Kind ist Gottes Sohn!

Wirt: Genau! Ich dachte es mir schon!
　　So will ich hier nun mit euch allen

voll Demut auf die Knie fallen.
Und will in wohl bekannten Weisen
den großen Gott im Himmel preisen.

Rolf Krenzer, aus: Kein Zimmer frei in Bethlehem. Singspiel von Siegfried Fietz und Rolf Krenzer, © Abakus Musik Barbara Fietz, Greifenstein

Lied

»Ihr Kinderlein, kommet« oder ein anderes bekanntes Weihnachtslied

Fürbitten

Zu den Fürbitten werden Lichter angezündet. Die Mitspieler/innen kommen nach vorne, sie bekommen ein Licht in die Hand, dazu werden die Fürbitten gesprochen.

Fürbittruf: GL 129

Kantor: Licht, das uns erschien, *Alle:* Kind, vor dem wir knien, Herr, erbarme dich.

- Dieses Licht soll allen Menschen, die lieblos und kalt behandelt werden, Wärme schenken.

- Dieses Licht soll allen Menschen, die traurig sind, Freude schenken.

- Dieses Licht soll allen Menschen, die sich zanken und streiten, Frieden schenken.

- Dieses Licht soll allen Menschen, die ausgestoßen werden, die einsam und allein sind, Liebe schenken.

- Dieses Licht soll allen Menschen, die krank und alt sind, Trost schenken.

- Dieses Licht soll allen Menschen, die mutlos und verzweifelt sind, Hoffnung schenken.

- Dieses Licht soll allen Menschen, die in Angst leben, Vertrauen schenken.

- Dieses Licht soll allen Menschen, die uns beleidigt und wehgetan haben, Versöhnung schenken.

Herr, lass dein Licht mit uns leuchten. Auf dass wir miteinander dein Licht in die dunkle Welt tragen. Wir dürfen es zu den Menschen bringen, damit alle erfahren, wie du ihr Leben hell und warm machst durch Jesus, unseren Bruder und Herrn.

Amen.

Vater unser

Troubadour 6,255

Kerzenkinder begleiten die Kommunion.

Segensgebet

Wir haben die frohe Botschaft gehört.
Christus ist geboren! Der Retter ist da!
Durch ihn sind wir alle Kinder Gottes geworden.
Nun wollen wir zu den Menschen gehen und Boten seines Lichts, seiner Liebe und seines Friedens sein.
Dazu begleite uns der Segen unseres Gottes,
des Vaters, des Sohnes und des Heiligen Geistes.
Amen.

Schlusslied

O du fröhliche, o du selige …

Vorschlag: Für alle Kinder ein schönes Teelicht gestalten, das am Licht von Bethlehem angezündet wird und zu Hause an der Krippe leuchten kann.

16. Gibt sich für uns verloren

Christmette

Kurzablauf

Was?	Wer?
Offener Beginn aus der Stille heraus	. . . .
Lied Stille Nacht GL 145	. . . .
Einleitung	. . . .
Bußritus	. . . .
Kyrie-Rufe GL 495, 3	. . . .
Glorialied LM 848, Erde singe oder: Seht ihr unsern Stern dort stehen, Effata 109	. . . .
Zwischengesang GL 151, V. 1–9	. . . .
Halleluja GL 155 mit Orgelvorspiel/ Evangelienprozession zur Krippe	. . . .
Evangelium gesungen	. . . .
Predigt	. . . .
Credo GL 449 mit Hinknien zu den inkarnatorischen Artikeln	. . . .
Fürbitten	. . . .
Lied zur Gabenbereitung GL 132	. . . .
Sanctuslied GL 144, 1+2	. . . .
Friedensgruß	. . . .
Lied vor der Kommunion GL 143, 1+2	. . . .

Was?	Wer?
Kerzenkinder begleiten die Kommunion	. . . .
Kommunionmeditation	. . . .
Danklied nach der Kommunion GL 143,3+4	. . . .
Schlussgedanke	. . . .
Schlusslied O du fröhliche	. . . .

Aufschluss

Leider kommen wir in eine Zeit, in der die *Brüche des kirchlichen Lebens* die Hochfeste erreichen: Nicht mehr jede Gemeinde hat eine Christmette. Eine fürchterliche Katastrophe, die man nicht schönreden sollte. Wenn man aber zu einer zentralisierten Christmette gezwungen ist, dann sollten in dieser möglichst viele Elemente von Menschen aus den verschiedenen Pfarreien (»Kirchorten«) gestaltet werden. Dazu bieten sich die musikalischen Kleinstücke an, wie Holzbläser bei der Kommunion oder den Kanon »Nun sei uns willkommen« und ganz bestimmt die Fürbitten und die Gemeindelieder.

Die *musikalische Kultur* der Gemeinden bereichert und prägt die Christmette. In den Traditionen, aber auch in dem Potential an Weihnachtsmusik, das viel mehr als die üblichen Akteure umgreift. Dazu will die Gemeinde auch unbedingt selbst singen! Ein eigenes Spannungsfeld, das man am besten im Advent austariert.

Natürlich besteht die ganze Advents- und Weihnachtszeit aus *Dunkel-Hell*-Spielen. Trotzdem würde ich das eigentlich wuchtige Aha-Erlebnis: »Vom Dunkel zum Licht« für die Osternacht vorbehalten und in der Christmette nicht kopieren. Wenn man nur mit Christbaumlicht und Kerzen beginnt, so wären dann allmählich bis zum Evangelium hin die anderen Lichter zuzuschalten.

Weihnachten

Vorbereitung

Weihrauch, ggf. Liedzettel, Weihnachtsevangelium einsingen[1], Info an Messdiener und Lektoren zum Hinknien bei den inkarnatorischen Credo-Artikeln. Wenn Lektoren aus verschiedenen Kirchorten Krippenfiguren zu den Fürbitten bringen, dann muss dies vorher organisiert werden. Figuren gut einpacken! Und es muss natürlich an der zentralen Krippe Platz sein. Holzbläser ansprechen für die instrumentale Kommunionmeditation.

Offener Beginn aus der Stille heraus

Lied

Stille Nacht GL 145

Einleitung

Liebe Gemeindemitglieder, liebe Gäste,
seien Sie alle herzlich gegrüßt an diesem Heiligen Abend.

Die, die sich trotz schwerer Krankheit hierhergeschleppt haben, weil sie diese Christmette nicht versäumen wollen. Stellvertretend für alle, die wegen Krankheit nicht kommen konnten.

Die, die viel Festfreude im Herzen mit hierher bringen.

Die, die von einer häuslichen Feier kommen und hier zur Krippe alle Anliegen der ganzen Familie tragen.

Besonders die, die zu Hause einen leeren Platz an der Krippe spüren.

Die, die als Gäste in unserer Gemeinde sind.

Die, die es nach viel Resignation noch einmal versuchen wollen. Ob hinter der Weihnachtsbotschaft eine Wahrheit ist, die tragen kann?

---

[1] Man kann sich auch akustische Beispiele ergoogeln unter »Weihnachtsevangelium gesungen«. Ein Anreiz zum besser singen.

Die, die in den letzten Tagen über ihre Kräfte strapaziert waren und nun hier große Erschöpfung spüren.

Die Einsamen.

Und die, denen die Festbegegnungen gut tun.

Und schließlich die, die da einfach Gott die Ehre geben wollen, damit es Friede auf Erden wird.

... Sie alle grüße ich herzlich und lade Sie ein zur Ruhe zu kommen, die göttliche Liebe in unserer Mitte zu beherzigen.

Kyrie-Rufe

GL 495, 3

Glorialied

»Erde singe« oder: »Seht ihr unsern Stern dort stehen« (Effata 109)

Zwischengesang

GL 151, V. 1–9

Halleluja

GL 155 mit Orgelvorspiel/ Evangelienprozession zur Krippe

Evangelium

(gesungen)

Lieber Gott, da hast du dich aber gut versteckt. Je öfter ich Weihnachten erlebe und feiern möchte, desto mehr verdichtet sich der Eindruck: Hier versteckt sich Gott. Wir preisen zwar das Gegenteil mit tausend Worten: Gott macht sich kund, Gott offenbart sich, Gott gibt sich zu erkennen ... derweil habe ich den Eindruck, dass er sich eher wegschleicht von den Bühnen, auf denen er sich präsentieren soll. Ich will Ihnen den Eindruck näher erläutern.

Das wunderbare Weihnachtsambiente – Duft und Schnee und Kerzen, Baum und Krippchen – wie schal, wie abgedudelt, wie benebelnd sagen viele, da wird mir nichts offenbar, da versacke ich höchstens mal in einem Gefühl – aber Gott? Der wird mir dabei nicht klarer, nicht heller, nicht deutlicher. Irgendsowas zwischen Weihnachtsmann und Engelchen wird's schon geben, aber nicht so wirklich, sondern eher für die Illusionsstunden, die die Seele halt braucht. Aber so wirklich lassen wir uns mit dem lebendigen Gott nicht ein, er bleibt eher so ein Gottchen oder ein Grüßonkel.

Mensch, lieber Gott, da versteckst du dich aber gekonnt.

In der Medienwelt – da gibt es zwar Sonderseiten und Extrasendungen mit erstaunlichem Tiefgang – aber das schmeckt doch oft wie eine Alibiveranstaltung. Wer lässt sich schon anrühren davon? Wer gar findet da Gott?

Mensch, lieber Gott, da versteckst du dich aber gekonnt.

Im menschlichen Miteinander. Irgendwie haben wir es schon kapiert, dass der menschwerdende Gott sich verwandelt in die menschliche Liebe hinein – aber die Liebe ist endlich, man macht so seine Erfahrungen und gewöhnt sich an alles. Oberflächliche Beliebigkeit kann uns unser Heiligstes plattmachen.

Mensch, lieber Gott, da versteckst du dich aber gekonnt.

Im kirchlichen Leben. Wie viele Verdunkelungen Gottes: Gnadenlosigkeit mit auseinandergebrochenen Ehen, Zusammenbruch der Gemeindeseelsorge. Die künftige Pfarrei wird etwa so groß wie das bisherige Dekanat. Die Hirten werden immer weniger.

Mensch, lieber Gott, da versteckst du dich aber gekonnt. In deiner Kirche. Da soll dich mal einer finden. Dabei sind doch so viele auf der Suche.

Und auch im unerklärlichen Schicksal der kaputten Kreatur. Menschen stürzen in die Abgründe von Lebenskatastrophen. Verlieren Gott.

Mensch, lieber Gott, da versteckst du dich aber gekonnt.

Ja, liebe Schwestern und Brüder, das ist schon eine ganz massive, hammerharte Erfahrung: Gott versteckt sich. Wie gehen wir damit um: Nuscheln wir uns etwas hin von »Irgendwo wird er schon sein ...« und machen ein bisschen Weihnachtsstimmung? Oder wie sollen wir damit umgehen, dass sich Gott versteckt?

Verstecken Gottes. Vielleicht schauen wir ratlos drein, suchen einmal so alles ab. Und wenn er dann nicht ruft: »Hallo, hier bin ich«, dann existiert er für uns nicht, jedenfalls nicht wirklich. Sind wir dann schon mit unserem Latein am Ende?

Ich meine, da wird's erst wirklich spannend. Denn das können wir schon mal festhalten: Er will offenbar gesucht werden. Er drängt sich nicht auf mit Werbekampagnen, sondern er will gesucht werden. Gott will gesucht werden. Ich möchte euch heute diese Seite Gottes empfehlen. Ganz wirklich: Gott will gesucht werden. Und da sind wir dann schon am Portal des Menschlichen: Gott suchen – das ist dein Lebensabenteuer, das ist dein Lebenssinn, das ist dein Lebensprojekt. Ja, wie auf eine Suchexpedition schickt dich Gott los, ausgerüstet mit deinem ganz speziellen Spürsinn. Geh hinein in diese Suche und du wirst menschlicher. Die großen Zeugen eines beseelten Lebens: Künstler, Schriftsteller, Musiker – dieses Suchen ist der rote Faden in ihrem Leben.

Na ja, sagt jemand. Da gibt es doch Suchmaschinen. Ungefähr 150 Millionen Ergebnisse zeigt mir Google für das Suchwort Gott ein. Aber Hallo, da wissen wir schon, wie Gott suchen nicht geht. Gut, dass es diese Suchmaschinen gibt. Sie zeigen uns deutlich, dass Gott suchen etwas ganz anderes sein muss.

Schwestern und Brüder. Ich meine, dass Weihnachten uns anstiftet, unseren eigenen Sucherspürsinn für Gott zu aktivieren. Hineinzuschauen, hineinzulauschen, hineinzudenken, hineinzulieben in diese Welt, um die Spuren seines Versteckens wahrzunehmen. Meinetwegen wie Kinder, die Versteck spielen, eher noch wie Liebende, die sich um des seligen

Findens willen voreinander verstecken. Oder wie einer, der einen selte-
nen Vogel hören will. Suchen. Tagelang. Jahrelang immer wieder hinschauen auf das Leben und mit klopfendem Herzen suchen in den Spuren
des Lebens. Dann gehst du mit anderen Augen durch deine Arbeitswelt.
Durch deine Freizeitwelt. In die Begegnungen mit Menschen. Da hat sich
Gott drin versteckt, du darfst ihn suchen und finden.

Schwestern und Brüder, ja, euer Sucherherz möchte ich ansprechen. Und
ich bin sicher, dass ihr schon Spuren gefunden habt. Weihnachten: Gott
gibt unserem Suchen leuchtende Spuren. Gott, der in Windeln … so ein
Baby mit Geschrei und Windeln mag eine Suchmaschinenseele kalt lassen. Aber das Sucherherz pocht einen Takt schneller und merkt, dass es
hier Gott auf der Spur ist. Alles, was echtes Kindsein ausmacht – eine
Spur zu dem versteckten Gott. Deine morgens schon wieder vergessenen
Träume, aus denen eine Botschaft herüber klingt wie »Fürchte dich
nicht«. Die Verstörungen und Einladungen zum Weitersuchen, die nicht
von dieser Welt sind – da müssen Engel dahinterstecken. Deine Maria-
und Josefserfahrungen durch Beziehungskatastrophen hindurch – da
versteckt sich Gott nicht nur, sondern er gibt auch Spuren des Findens,
auch wenn er dich manchmal ganz schön weit rumscheucht auf dieser
Suche, und wenn das Gott finden dann eine schwere Geburt ist. Christus
ist geboren, hier versteckt sich Gott und stiftet deine Suche neu an.

Schwestern und Brüder. Welche Spuren kann ich unserem Suchen weisen? Da ist vor allem das Leben der Armen. Der Kaputtgemachten. Der
Harz-IV-Empfänger. Der Kranken, der Leute, die auf keinen grünen
Zweig kommen. Wer immer Gott sucht und nicht so richtig weiter
kommt damit. Der darf diese Spur aufnehmen. Die hat ihm der menschgewordene Gott Jesus Christus verraten. Denn in den Armen ist sozusagen das beste Versteck Gottes. Eben deshalb auch eine gute, selige Spur,
ihn zu finden.

Schwestern und Brüder. In uns steckt dieses Suchen mit hochroten Ohren – oder ist es nur noch das gesucht Haben, die abgeschlossene, erfolg-
lose Suche? Das Lebensabenteuer Gottsuche – abgehakt, erledigt. Suche
abgebrochen – was für eine furchtbare Nachricht – etwa in einem Erdbe-
bengebiet. Ich meine, dass Gott diesen Suchfrust versteht, aber mit umso
größerer Liebe unser Suchen neu herauslockt. Suche durchgehalten und
neu aufgenommen. Das Wunder der Rettung von Bergleuten und See-
leuten und von verhärmten Seelen. Im Herzen mitgefeiert. Bleiben wir

dran. Halten wir die besten Kräfte des Herzens wach. Lassen wir uns die Gottsucherseele nicht vernebeln und einschläfern.

So möchte ich das Weihnachtsgeheimnis als spannenden Suchvorgang beschwören. Ein bisschen sind wir schon dran mit unserem Suchen. Aber dann geschieht etwas. Ganz eigenartig verschiebt sich den Suchenden etwas. Unter all deinem Suchen wartet eine Entdeckung auf dich: Gott sucht dich auch! Und wie! Gott gibt sich ganz rein in das Abenteuer. Um deinetwillen. Um des verloren herumsuchenden Menschen willen. Er geht aus sich heraus. In die Expedition Menschensuche hinein. Wird selber Mensch. Was für ein Abenteuer. Gottes Sucherliebe arbeitet sich zu dir vor. Auch wenn du dich noch dran vorbei drückst. Seine Liebe gibt dir Signale: Lass dich finden! In der Hektik, die du so schwer abstellen kannst: Lass dich finden. In dem bisschen Ruhe, das du dir gönnst oder in der Ruhe nach der Feier, wo das Herz fragt, war das schon alles? Es ist ja schön, wenn unsere kirchlichen Feiern der Sucherseele Orientierung geben. Ich habe mir aber von Sucherseelen sagen lassen: Richtige Gottesspuren habe ich erst danach oder daneben oder wo ganz anders gefunden. Ja, das macht die Suche erst richtig spannend. Und irgendwo geht die Botschaft an dich: Lass dich finden. Bei deinem Rumprobieren in den kirchlichen oder esoterischen Ecken – lass dich finden. Bei deinen vielen Fahrten, ob am Steuer oder nicht – wo die Frage immer deutlicher wird: Wo führt denn diese Lebensfahrt hin? – Lass dich finden von dem, der sich einschleicht in deine Lebensfahrt. Bei all deiner Lebensplanung. – Lass dich finden von dem, der Lebenswege eröffnet und vertieft. Diese Jesusspur – viele Finderromane sind darin aufgeschrieben, die in keiner Bibliothek stehen.

Weihnachten – das lange Suchen und Finden von Gott und Mensch geht nicht ewig aneinander vorbei. Die Energie der göttlichen Liebe fängt uns ein und bringt uns auf die Bahn, in der Suchen und Finden zusammenkommt.

Sie kennen alle so eine ähnliche Situation. Verabredung in Frankfurt. Du kommst aus der U-Bahn und musterst die Sandgasse, wo du hinsolltest, Hausnummer vergessen. Da klingelte das Handy. Wo ich denn bleibe. Ich gucke hoch zu einem Balkon. Da steht einer mit dem Handy am Ohr. Ich hatte ihn nicht erkannt. Gesucht, gefunden.[2]

---

[2] An dieser Stelle darf das Handy in der Hosentasche des Predigers läuten. Er guckt die Meßdiener entgeistert an: Wer hat hier sein Handy nicht stumm geschaltet?

Weihnachten

Schwestern und Brüder. Die Such- und Klingeltöne Gottes, der uns sucht. Ich wünsche uns allen, dass wir sie hören in unserer Seele. Der leise Zuspruch: Was suchst du so weit überall rum – ich bin ganz nahe bei dir. Da steht eine Krippe in deinem Leben, wie sie noch niemand geschnitzt hat. Ganz nah bei dir. Das selige Gefundenwerden von Gott. Er ist draufgegangen bei dieser Suche. Gibt sich für uns verloren. Schicksal des rettenden Gottes. Aber er hat uns gefunden. Und nimmt uns bei der Hand auf den Weg der erlösten Liebe.

Das ist mein Weihnachtswunsch an uns: Dass wir die Suche nicht aufgeben. Dass wir uns finden lassen vom Abenteuer und Wunder der Liebe Gottes. Und dass wir mit ihm eintreten in das Lebensportal, das die Verlorenheit des Menschen hinter uns lässt.

Alternative Predigt

Gibt sich für uns verloren[3]
Verlorenheit – mit diesem einen Wort ist ein Riesenabgrund angesprochen, der sich im Menschsein auftut.

* Das Neugeborene ohne die feste Verbindung zur Mutter – verloren.
* Das Kind, das sich irgendwo verirrt – verloren.
* Der Mensch, der sich als Looser erfährt – verloren.
* Der Wissenschaftler, dem Denkgebäude zusammenbrechen – verloren.
* Der entwurzelte Mensch in seiner Einsamkeit – verloren.
* Der orientierungslose Mensch in der Massengesellschaft – verloren.
* Die Entlassene hat den Arbeitsplatz – verloren.
* Der Enttäuschte hat sich selbst – verloren.
* Der Süchtige hat seine Würde – verloren.
* Das Lebensgefühl des modernen Menschen, dem die Sinnerfahrung überall abhanden gekommen ist – Verloren.
* Der vom Tod gezeichnete Mensch – Verloren.

Die zeigen auf ihn, er holt es raus und macht es aus. Dann gibt er zu: Das war jetzt bestellt. Als Zeichen, dass Sie noch mal aufmerken zum Schluss der Predigt.
[3]   Wenn der Prediger sich traut, kann er diesen Vers jeweils singen.

Gibt sich für uns verloren

Ohne die Schönheit des Lebens miesmachen zu wollen, erfahren wir doch: Fast alle Lebenswelten haben irgendwo Kanten, wo alles wegbrechen kann in die Verlorenheit. Verlustängste machen sich breit und stressen die Menschen bis in die stimmigsten Erfahrungen hinein.

Schwestern und Brüder. Wer immer dem Menschen etwas sagen will, was ihn wirklich betrifft, der wird bald mit dieser existentiellen Verlorenheit konfrontiert. Die ganze Dramatik der Sinnsuche, der Beziehungssuche, der Lichtsuche, der Geborgenheitssuche tut sich da auf. Erzähl in einem Kinderheim das Gleichnis vom verlorenen Sohn, oder in einer Arztpraxis, in einem Arbeitsamt, in einem Gericht, in einem Supermarkt, in einer Kneipe, in einem Bahnhof – überall spricht es das Suchen der Menschen an und mobilisiert das verzweifelte und verräumte Vertrauen: Es wird ein Finden geben. Verlorener Sohn. Verlorenes Schaf.

Gibt sich für uns verloren

Aber die langen Wege davor! Das Suchen in der Verlorenheit. Das Kreuz und Quer. Der Frust der Verlorenheit. Das Versickern aller Motivation. Das Hängenbleiben in der Verlorenheit. Der Trotz der Verlorenheit, der allem abschwört. Das Schweineelend der Verlorenheit. »Da ging er in sich« heißt es von dem verlorenen Sohn. Ja, dieser Punkt, wo du dich deiner Situation stellst, anstatt vor ihr davonzulaufen. Der Schimmer von Heimat, wo du hingehörst. Und der lange, suchende Weg dorthin. Du willst heimfinden. Dabei wirst du heimgesucht. Und gefunden.

Schwestern und Brüder: Das weite, trostlose, verwüstete Terrain der menschlichen Verlorenheiten ist auch gezeichnet von den Heimsuchungswegen Gottes. Wirst du gefragt: Was ist das für einer: euer Gott? Dann kannst du mit dem wunderbaren, mystischen, weihnachtlichen Schifferlied vom Rhein antworten: »Gibt sich für uns verloren«.

Das ist unser ganzes Glaubensbekenntnis. »Gibt sich für uns verloren.« Das ist unsere Weihnachtsbotschaft, unsere Gotteserfahrung, das ist unsere Rettung. Das ist unsere Philosophie. Das ist unsere Vision. Sing sie hinein in die Wüsten der Verlorenheit.

Gibt sich für uns verloren.

Schwestern und Brüder. Ich meine, wir sollten uns Weihnachten nicht zu sehr verkuscheln. Den geborenen Erlöser nicht zu sehr verniedlichen. Wir feiern den abenteuerlichen Start Gottes in die Verlorenheit des Menschen. Der sich für uns verloren gibt, der weiß, dass auch wir die kalte

Asche der Verlorenheit schmecken. Er nimmt uns hinein in das Abenteuer der Rettung. Macht uns sozusagen zu Pfadfindern der Heimsuchung in den Wüsten der Verlorenheit. Ich weiß es: Ich spreche hier zu solchen Pfadfindern. Ihr, Schwestern und Brüder, wisst, wie Verlorenheit riecht und schmeckt. Sucht die Menschen im Krankenhaus auf. Schreibt ins Gefängnis und macht Mut. Haltet Kontakt zu den Menschen, die sich wegen Arbeitslosigkeit verkriechen. Lasst die nicht fallen, die absonderlich geworden sind. Redet in der U-Bahn mit Punkern. Ihr gebt suchtkranken oder depressiven Menschen Stütze. Erzählt im Altersheim von früher … Und und und. Pfadfinder. Ihr kennt die Pfade. Ihr wisst, wie schlimm Verlorenheit sein kann, wenn es heißt: Die Suche wird aufgegeben. Wisst, wo die Katastrophe am Kreuz eingekratzt ist in die Kreuzungen heilloser Wege.

Ihr kennt aber auch die Spuren des Findens. Die herrlichen Fundstücke, mit denen wir heimgeholt werden in die göttliche Findung. Ja, was bringen wir für Schätze der Findungen mit hier zur Krippe.

- Da ist es einem Lehrer gelungen, mit einem sehr kaputten Schüler wieder auf einen grünen Zweig zu kommen. Was für ein seliges Finden.
- Da ist in einem eher beiläufigen Gespräch ein roter Faden der Hilfe angeknüpft worden.
- Da erfährt eine Kasssiererin im Supermarkt: Da sind Kunden, die dich mögen.
- Da findet nach langem Beratungsgespräch jemand auf einen guten, neuen Weg.
- Da freut sich eine Kranke riesig über eine Kinderzeichnung.
- Da gelingt es Musikern, verlorene Seelen heimzusuchen und heimzuholen.
- Da treffen sich Menschen, die sehr verschlossen waren, und schließen einander das Leben auf.
- Da findet ein Banker zu einem neuen Ich, nachdem das ganze Übervorteilungssystem zusammengebrochen ist.
- Da erleben Politiker, dass sie über die Parteistrategien hinweg die Menschlichkeit voranbringen können.[4]

---

[4]   Hier darf der Prediger eigene Wahrnehmungen einfügen.

Das sind Fundstücke, das sind Schätze! Und aus diesen gefundenen Seligkeiten ist das neue Reich gebaut, in dem dieser verlorengegebene Gott sucht und findet und rettet.

Das sind die Spuren, auf die uns Gott bringt.

Gibt sich für uns verloren.

Geh selbst auf Pfaden, die heimsuchende Bewegung in die Verlorenheiten bringen. Ja, selber heimgesucht, sei den Suchenden ein Mitsucher. Sei mit dabei bei dem entscheidenden Abenteuer der Menschlichkeit. Wo im Dreck und Elend der Verlorenheiten die menschliche Würde mit aller verglimmenden Glut des Herzens gesucht wird. Halte das Scheitern der Suche mit aus. Halte dich aber auch bereit für das Gefundenwerden. Vom heimsuchenden Gott. Von dem, der heißt: »Gibt sich für uns verloren«. Mögen die Muslime uns Gotteslästerer heißen, weil wir unseren Gott am Kreuz verloren zur Schau stellen. Wir wissen es besser: Gibt sich für uns verloren, das ist nicht die Schande Gottes, das ist der Endpunkt des Elends menschlicher Verlorenheit. Das ist der Schwamm über all die verstiegenen Fehlkalkulationen. Das ist das Heimsuchen und Bergen und Heilen und neu Bekleiden mit dem Gewand des Festes. – Menschsein, gefunden und geborgen in der Auferstehung. Mein Sohn war tot und lebt wieder, war verloren und ist wiedergefunden worden.

Aus dieser Herzensbewegung Gottes heraus sind wir selig gepriesen. Denn Großtaten ereignen sich an denen, die sich klein und verkommen vorkamen.

So dürfen wir uns auch als Kirche erfahren: Nicht als strukturelle Institution, sondern als Bewegung. Als Bewegung, von dem Gott mobilisiert, der heißt: »Gibt sich für uns verloren«. Das ist das Epizentrum der Bewegung, der wir angehören. Das bewegt uns. Gibt sich für uns verloren. Da werden wir heimgesucht zum Fest. Zu dem Fest des Reiches Gottes, das Jesus so beschreibt: Ebenso herrscht auch bei den Engeln Gottes Freude über einen einzigen Sünder, der umkehrt.

Gibt sich für uns verloren.

Nehmen wir teil an dieser Heimsuchung. An dieser seligen Findung. An diesem Fest.
Amen.

Credo

GL 449 *(mit Hinknien zu den inkarnatorischen Artikeln)*, oder »Ich glaube an den Vater« (Sing!, 31)

Fürbitten

Fürbittruf[5]

Kantor: Licht, das uns erschien, Alle: Kind, vor dem wir knien, Herr, erbarme dich.

Gottesdienstleiter:
Vater im Himmel. In Christus gibst du dich für uns verloren, suchst du unsere Verlorenheiten heim und birgst sie in seligem Finden. Wir bitten dich:

Lektor (aus dem Kirchort A):
Wir aus A haben das Bethlehemlicht mitgebracht. *(Er stellt es an die Krippe.)* Lass bei uns Bethlehem entstehen: Orte der Zärtlichkeit und des Vertrauens, der Offenheit und der Gemeinschaft.

Fürbittruf

Lektor (aus dem Kirchort B):
Wir aus B haben ein Schäfchen mitgebracht. *(Er stellt es an die Krippe.)* Für alle Menschen, die das Leben nur von der bitteren Verlustseite kennenlernen, wenn sie vereinsamen und verhärmen. Um aufmerksame Begleiter und Zuhörer. Dass sie ein Licht finden, das ihre Zukunft erhellt.

Fürbittruf

Lektor (aus dem Kirchort C):
Wir aus C haben auch ein Schaf mitgebracht. *(Er stellt es an die Krippe.)* Steh allen bei, die einen lieben Menschen verloren haben und damit ein Stück von sich selbst. Durch die Verlorenheit und Trauer führe sie behutsam auf einen ersprießlichen Weg.

---

[5] Mit dem Chor oder 2 Leitstimmen vorher kurz einsingen. Keine GL Nummer anzeigen! So findet die Gemeinde leichter hinein und hat das Herz frei von Noten zum Mitbeten der Fürbitten.

Fürbittruf

Lektor (aus dem Kirchort D):
Wir aus D haben Plätzchen mitgebracht. *(Er stellt sie an die Krippe.)*
Inspiriere unsere Feste und Begegnungen mit vielen herzlichen Ideen, die
Mut machen, den Sinn des Lebens zu suchen und zu feiern.

Fürbittruf

Lektor (aus dem Kirchort E):
Wir aus E haben einen Hirtenfigur[6] mitgebracht. *(Er stellt sie an die Krippe.)*
Steh allen bei, die im Rettungswesen arbeiten. Besonders dann, wenn die
Rettungsversuche erfolglos abgebrochen werden müssen und lähmende
Verlorenheit erfahren wird.

Fürbittruf

Lektor (aus dem Kirchort F):
Wir aus F haben auch eine Hirtenfigur mitgebracht. *(Er stellt sie an die
Krippe.)*
Da uns der geistliche Hirte am Ort fehlt, müssen wir einander Hirten
sein. Und die Oberhirten dürfen sich bewegen.

Fürbittruf

Lektor (aus dem Kirchort G):
Noch eine Hirtenfigur von unserem Krippchen aus F. *(Er stellt sie an die
Krippe.)*
Es gibt Milieus, in denen viele zerbrochene Menschen zusammenkommen. Dass wir sie nicht verloren geben, sondern Kontakt halten und
den Ausgrenzungen wehren. Damit die Verzweiflung abgewendet werden kann.

Fürbittruf

Lektor (aus dem Kirchort H oder aus einer geistlichen Gemeinschaft)
Von unserer Krippe (geistlichen Gemeinschaft) in H eine Krippenfigur.
(Er stellt sie an die Krippe.)

---

[6]   Man kann ihr eine Warnweste anziehen.

Es gibt Menschen, die wir nicht mehr erreichen, bei denen wir ahnen, dass sie verkommen. Wenn wir nur noch beten können, dann lass uns, Herr, nicht allein.
Fürbittruf

Gottesdienstleiter:
Denn den Kleinen und Verlorenen hast du den Sieg deiner Erlösung angesagt. Unverbrüchlich hast du dich in deiner Menschwerdung mit ihrem Schicksal verschworen. Wir preisen dich dafür und möchten darin aufleben für Zeit und Ewigkeit.

Lied zur Gabenbereitung

GL 114, 1–6

Sanctuslied

GL 144, 1+2

Friedensgruß

Wie oft wird der Weihnachtsfriede beschworen, von allen möglichen Leuten. Unser Herz weiß, dass das, was die Engel so herrlich angesungen haben, nicht im Gefühl steckenbleiben soll. Wir sind angestiftet, Täter des Friedens zu sein, den Gott schließt.

Lied vor der Kommunion

GL 143, 1+2, oder: »Wer nach Bethlehem« (Troubadour 6, 509)

Während der Kommunion Instrumentalmusik. Vorschlag: Pastoralen für Flöte oder Oboe, die Leute aus den Blasorchestern eh können.

Kommunionmeditation

Kinderlektor:
Jesus, guter Freund.
Wir feiern deinen Geburtstag.
Und irgendwie habe ich es schon gespürt:
Dieses große Fest kommt von deiner Liebe.
Wie die Hirten dich angestaunt haben!
Wie die Engel von dir gesungen haben!
Hier stehe auch ich an der Krippe.
Viel kann ich dir nicht bringen.
Aber vor allem meine Freundschaft und Liebe.
Was du mit den Menschen vorhast,
das soll nicht scheitern.
Wie du die Liebe entfaltest,
das darf nicht untergehen.
Deshalb bin ich so gerne
Freund von dir. Mit hörendem Herzen
und guten Ideen und Taten.
Danke für die vielen Geschenke an Weihnachten.
Segne alle, die mich beschenkt haben.
Danke, wenn es mir gelungen ist,
an Weihnachten Menschen glücklich zu machen.
Das Fest soll weitergehen.
Gib mir dazu jeden Tag eine gute Idee.

Danklied nach der Kommunion

GL 143, 3+4

Schlussgedanke

Manchmal erleben wir es mit großem Ernst, wie Gott sich versteckt in unserem Leben. Manchmal sogar wie ein heiliges Spiel, wie er von uns gefunden und entdeckt werden will. In all dem soll uns die Liebe bewegen, von ihm mit einer neuen Lichtspur der Freude entzündet. Weihnachtliche Begegnungen, Gott bringt es fertig, uns zu suchen und zu finden.

In diesem Sinn ein gesegnetes und frohes Weihnachtsfest.

In unsere Segensbitte sind alle besonders eingeschlossen, die an den Feiertagen Dienst haben.

Feierlicher Segen der Weihnachtszeit

Messbuch 534

Schlusslied

»O du fröhliche« (GL Diözesananhänge)

17. Krippe und Binsenkörbchen

Eucharistiefeier zum Ersten Weihnachtstag

Kurzablauf

Was?	Wer?
Lied GL 143, 1–3	. . . .
Einleitung	. . . .
Bußritus	. . . .
Kyrierufe GL 433	. . . .
Glorialied »Erde singe« oder: »Hört der Engel helle Lieder« (Troubadour 490) oder: »Es kam ein Engel hell und klar« (GL 138, 1, 2, 8)	. . . .
Zwischengesang GL 151, V. 1–9 *Oder 2 oder 4 Solisten können leise den Kanon: Nun sei uns willkommen, Herre Christ (GL LM 807, EGB 22) singen, gerne öfter wiederholt.*	. . . .
Halleluja GL 155 mit Orgelvorspiel/ Evangelienprozession zur Krippe	. . . .
Evangelium	. . . .
Credo GL 449 (mit Hinknien zu den inkarnatorischen Artikeln[1]), oder »Ich glaube an den Vater«, Sing!, 31	. . . .
Lied zur Gabenbereitung GL 144	. . . .
Sanctuslied GL 138, 7+8, oder »Tochter Zion«, 3. Strophe	. . . .

---

[1] Natürlich nur, wenn es keinen Organisationsstress macht.

Was?	Wer?
Lied vor der Kommunion GL 143, 1+2	. . . .
Kerzenkinder begleiten die Kommunion	. . . .
Während der Kommunion Instrumentalmusik. Vorschlag: Pastoralen für Flöte oder Oboe, die Leute aus den Blasorchestern eh können.	. . . .
Kommunionmeditation	. . . .
Danklied nach der Kommunion GL 143, 3+4	. . . .
Schlussgedanke	. . . .
Feierlicher Segen der Weihnachtszeit MB 534	. . . .
Schlusslied »O du fröhliche« *(GL Diözesananhänge)*	. . . .

Vorbereitung

Bild für die Hand der Gottesdienstbesucher drucken

Lied

GL 143, 1–3

Einleitung

Seien Sie alle herzlich gegrüßt. Feierliche Menschen und nüchterne Realisten. Glückliche und besorgte Menschen. Gesellige und einsame Menschen. Starke und Schwache. Arme und Reiche. Kinder und Erwachsene. Gesunde und Kranke. Hiesige und Gäste. Ja, wir sind schon eine bunte Gesellschaft, hier an der Krippe. Das Wohlgefallen Gottes ist über uns ausgerufen. Ob wir ihm denn echt gut gefallen? Wir dürfen uns dessen neu vergewissern.

Bußritus

Großer Gott. Unsere Realität bleibt manchmal zurück hinter all den schönen, festlichen Klängen.

Stille

Kyrierufe

(GL 433)
Manchmal spüren wir den Sinn deines Festes – manchmal aber scheint uns das alles nicht zu erreichen.
Herr, erbarme dich.

Unsere eigene Lauheit und Lieblosigkeit soll überwunden sein von deiner Krippenliebe her.
Christus, erbarme dich.

So viele große Worte von der Güte und der Menschenfreundlichkeit. An uns ist es, echte Taten der Liebe zu bringen.
Herr, erbarme dich.

Der allmächtige Gott erbarme sich unser. In der Menschwerdung und Erlösung seines Sohnes mache er uns zur neuen Schöpfung seines Wohlgefallens und lasse uns aufleben in geschwisterlicher Einheit durch Jesus Christus, unseren Bruder und Herrn.

Glorialied

»Erde singe« oder: »Hört der Engel helle Lieder«[2] (Troubadour 490) oder: »Es kam ein Engel hell und klar« (GL 138, 1, 2, 8)

---

[2]   1. Zeile Frauen, 2. Zeile Männer als Echo, 3. Zeile Alle gemeinsam: Gloria …

Zwischengesang

GL 151, V. 1–9

Oder 2 oder 4 Solisten können leise den Kanon: Nun sei uns willkommen, Herre Christ (GL LM 807, EGB 22) singen.

Halleluja

GL 155 mit Orgelvorspiel/Evangelienprozession zur Krippe

Evangelium

Predigt[3]

Krippe und Binsenkörbchen
© Dr. Irm Sachau, Regensburg

---

[3]   Hier eignet sich auch die Variante von der Christmettenpredigt.

Unser Weihnachtsbild erschließt sich durch einen Abstieg, Stufen hinunter. Unsere Wege dorthin. Unser Advent. Sollte doch eher ein Aufstieg sein. Hier aber die Erinnerung an den Gott, der sich einlässt in den Abstieg. Ja, hinuntersteigen. Down by the riverside. Unten am Wasser ist ein Heilsort. Eine alte Ahnung lockt uns da hin. Wir alle wurden im Fruchtwasser ausgetragen. Dieses feuchte Element war das Lebenselexier unseres Werdens. Und durch das ganze Leben durchläuft uns diese Erinnerung an ein Element des Segens. Von guten Mächten wunderbar geborgen.

Da ist aber auch das krasse Gegenteil in der menschlichen Urerfahrung. Sintflut. Element der Zerstörung. Heute noch erfahren Millionen diese unwirtliche Kraft, die um so wuchtiger zurückzuschlagen scheint, je frecher die Menschheit den Grundpakt mit den Urgewalten dieses Erdenbiotops verletzt.

Bethlehem ist eine Station auf dem Gang der Suchenden durch furchtbare Katastrophen hindurch. Maria und Josef, vom Engel da durch geleitet, haben Ägypten in den Knochen und in der Seele[4]. Die Verzweiflung der Mutter des Mose, in der babymordenden Umwelt. Wie diese junge Mutter ihr Baby dem Binsenkörbchen anvertraute, das sie vorher unten mit Pech bestrichen hatte. Dieses starke Bild aus der Kinderbibel erinnern wir an Weihnachten. Wie ein Binsenkörbchen ist die Krippe gemalt. Dem zweideutigen Wasserelement hatte die Mutter das Mosesbaby anvertraut in der Hoffnung, dass es durch gute Ströme in heilsames Fahrwasser kommt. So, wie manche jüdische Mutter im deutschen Holocaust ihr Kind mit einem Köfferchen ausstattete und einem der Menschenströme des Krieges anvertraute, um es zu retten, da sie selber ins Verderben gehen musste.

Bethlehem lockt uns an das Ufer des Schicksalselements. Ob wir darin eintauchen wie die Ägypterinnen beim Baden oder gerade mal die Füße benetzen – wir dürfen selige Finderinnen und Finder sein. Gott strandet mit dem irren Vertrauen bei uns, dass er gefunden wird. Ja, er will zärtlich geborgen, aufgenommen und adoptiert werden mit diesem Binsenkörbchen, mit dieser Krippe. Die Krippe ist nicht nur ein Binsenkörbchen, sondern in ein Kreuz hinein gemalt. Gibt sich für uns verloren. Das ist unser Finderglaube. Das ist unsere Finderliebe. Das ist unsere

---

[4]   Der Prediger kann auch die Kinder nach der Binsenkörbchengeschichte fragen und sie mit ihnen entwickeln.

riesig beschenkte Finderhoffnung. Das Binsenkörbchen ist das Rettungs-
und Suchschiff Gottes. Er findet uns. Er nistet sich bei uns ein und
nimmt uns mit auf die Lebensfahrt in heilsamen Strömungen zum ewigen Heimathafen.

Alternative Predigt

Anbetung gegen den Überdruss

Liebe Christen,
wir sind mittendrin im Weihnachtsfest. Waren seelisch unterwegs in der
Suche nach seinem Sinn. Jeder mit seinem selbstgebastelten Sinnspürge-
rät. Bei manchen schlägt es an, die Seele zittert wie eine Wünschelrute,
und du sagst dir: Das ist es! Ein Wunder. Ein Neubeginn! Andere sagen
sich eher: Na ja, same procedure as every year, wir mixen uns was Feierliches, Gutriechendes und Gemütvolles zurecht, mimen ein bisschen
heile Welt, aber irgendwie ist das schnell rum. Und dann geht's wieder
ab, wie gehabt. Liebe Christen, spüre ich es richtig, wenn ich sage, es
wächst der Überdruss? Nicht nur an Weihnachten, sondern überhaupt
am Leben. Natürlich will man mithalten mit den neuesten Trends, aber
es ist weder Begeisterung noch Zufriedenheit da. Wir leben auf hohem
Anspruchsniveau – »man gönnt sich ja sonst nichts!« und gleichzeitig
wächst der Überdruss, innen in uns drin, heimlich aber stetig.

Und dahinein ist Weihnachten angesagt. Da hinein: Gott, der in Windeln liegt im kalten Stall. Ich meine, dass Gott uns dieses Weihnachten
etwas Deutliches sagen will zu unserem Überdruss. Ganz einfach und
klein und unkompliziert ist Gott Mensch geworden, und ihr, die ihr den
Überdruss in eurer Seele anfüttert, lasst euch davon anstecken, Mensch
zu werden: einfach, schlicht und unkompliziert.

Bitte, verstehen Sie mich recht. Es gibt so eine Art Lamento, das sich in
der zweiten Lebenshälfte steigert. Das der nächsten Generation die Re-
zepte der vorigen empfiehlt, wo doch angeblich alles so toll war. Groß-
vaters Krippchen, an dem sich nichts verändert, seit 50 Jahren. Nein, die
Krippe steht heute nicht weit vom Computer, vom Handy und vom neuesten Sorgebrief vom Arbeitsamt oder der Krankenkasse. Von den Sorgen
um die Gesundheit des Hundes und die Zahnspange und die Flatrate und
das Cholesterin, und als es hieß, Maria und Josef sollten sich in Steuer-

listen eintragen, da hat vielleicht mancher gedacht an controlling und rating und ranking, und und …

Das ist halt die eigene Mischung unserer Zeitexistenz im zu Ende gehenden Jahr *(Jahreszahl nennen)*. Wie finden wir uns darin? Mit Überdruss oder mit schlichter Begeisterung und Liebe?

Gott, der in Windeln liegt im kalten Stalle.

Brüder und Schwestern, hier lockt uns Gott aus unseren Überdrüssigkeiten. Mensch komm doch. Verzettle dich nicht im Outfit, in der Verpackung, im Rumgelaber. Sondern komm nach innen. Zur schlichten, innigen Liebe. Ich meine, wir sollten es nicht durchreichen, dieses Weihnachtsfest, ihn nicht durchwinken, diesen menschgewordenen Gott. Sondern stehenbleiben, innehalten und anbeten. Ja, anbeten. Das ist vorneweg mal genau das Gegenteil von Überdruss. Anbeten, das macht jemand, der den ganzen Überdruss hinter sich lässt. Der spürt, dass er von einem Lichtkreis erfasst wurde, der die bisherigen Zweckmäßigkeiten überbietet. Von einem Kraftfeld, das stärker ist als die Events dieser Zeit. Diese unbändige Liebesenergie aus Gott. Menschgeworden. Gibt sich für uns verloren und rettet uns. Kommt, lasst uns anbeten. Wie diese Steinhöhle aussah, in der die Hirten von Bethlehem einen Unterstand für ihr Vieh hatten, wissen wir nicht. Man stellt das Krippengehäuse meistens ohne Tür da. Wohl einfach, damit man mehr sieht. Ich meine, dass die Krippe deshalb nach vorne offen ist, damit möglichst viele von diesem Lichtkreis erfasst werden. Kommt, lasst uns anbeten. Kommt einen Schritt näher. Staunt, wie schlicht und einleuchtend und klar die göttliche Antwort auf unsere menschliche Bedürftigkeit ist. Kommt, lasst uns anbeten. Lasst euer Inneres formen von dieser positiven Lebensenergie. Die Göttlichkeit und Heiligkeit des Ewigen geht an dir nicht vorbei, hat mit dir zu tun, stiftet deine Seligkeit an. Kommt, lasst uns anbeten. In dieser Anbetung klärt sich, wozu du auf Erden bist. Dein Leben kriegt ein unschlagbares Ziel. Kommt, lasst uns anbeten. Dass du ein Teil wirst von dieser Liebesbewegung, mit der Gott im Menschenkind geboren wurde. Selber neugeboren wirst aus der göttlichen Liebe. Kommt, lasst uns anbeten.

Anbeten, in diesem Lichtkreis ist eine ungeheure Bewegung. Gott bleibt nicht ein ferner, unbeweglicher Gott. Mensch bleibt nicht irgendein Wesen auf der anderen Seite. Das kommt in Bewegung. Heiligen Tausch nennen es die Alten. Gott brennt und leuchtet in dir. Und deine Würde und dein Elend wachsen in Gott hinein. Gott in Windeln. Kommt, lasset uns anbeten.

Brüder und Schwestern, wir werden aufleben darin. Anbetung hat Folgen: Darin fällt der Überdruss von uns ab. Jeder Tag unseres Lebens birgt ein Wunder. Das sage ich nicht nur so wie einen Kalenderspruch, sondern aus tiefster Überzeugung. Die sich natürlich auch daraus gebildet hat, dass ich durch vergangene Tage so hornhäutig und unsensibel gegangen bin, dass ich das Wunder nicht gespürt habe. Von dem Anbetungskreis der Krippe aus werden wir sensibel für die Wunder der kommenden Lebenstage. Werden wir angestiftet, die Spur der Menschwerdung funkeln zu sehen, freizugraben und selig zu besingen. Ja, in jedem Tag!

- Dem einen leuchtet es schon beim morgendlichen Blick in den Spiegel auf: Wie herrlich ist es, quasi neugeboren in so einen Tag zu hüpfen.
- Dem andern fällt auf der Fahrt zur Arbeit oder mittags oder abends ein: Das Wunder des neuen Tages.
- Eltern haben daheim jeden Tag lebendige Krippe. Die Fortschritte des lallenden Säuglings oder die Talente der pubertierenden Tochter: Was für Wunder.
- Natürlich gilt auch der Spruch: Unmögliches wird sofort wahrgenommen, Wunder dauern etwas länger. Aber wir dürfen sie doch wahrnehmen und nicht im Überdruss ersticken.
- Der Student, der sich hineinforscht in die Zellstrukturen, in das Weltall, in die Physik, der kann wohl viel Gründe annehmen für die sinnvollen Strukturen, er hat aber auch viel Grund zum Wundern, und keiner braucht sich seines Wunderns zu schämen.
- Wer mit Menschen zu tun hat, der sieht vielleicht den meisten ihre Macken auf den ersten Blick an. Desto mehr darf er aber staunen, was solche Menschen aus sich herausholen, welche wunderbaren Stärken sie auf der anderen Seite entwickeln. Jeder Tag birgt Wunder.
- Ja, das ist auch dem gesagt, der ganz elend dran ist. Dem, der durch Kreuz und Feuertaufen hindurch muss. Ein Aufatmen, ein Lächeln, ein Blickkontakt, eine Träne, eine Zärtlichkeit, darin steckt ein viel größerer Erfahrungswert als in der Beziehungskiste der Promis. Lassen wir uns doch den Wunderblick nicht stehlen von den Klatschseiten und den Fernsehsoaps. Schauen wir mit einem Blick in unsere Tage, der aufgehellt ist von der Anbetung des menschgewordenen Gottessohns.

Anbetung stiftet an zum Staunen in jedem Tag. Dazu noch ein Wörtchen, was sonst vielleicht zu kurz kommt: Im Anbetungsgefüge zwischen Gott und Mensch ist auch Lachen. Der Herr spottet ihrer. Dieses
souveräne, überlegene Lachen Gottes über die aufgeblasenen Mächte und
Gewalten darf dich anstecken. Wer anbetet, der entwickelt einen Schatz
der augenzwinkernden Vertraulichkeiten mit dem Gott, der unsere Kin-
dischkeiten kennt und zurechtrückt. Wundern wir uns also nicht, wenn
uns die Anbetung auch den Humor anstiftet.

Gott, der in Windeln ... Das ist keine Verniedlichung und Verkitschung
Gottes. Machen wir aus dem ewigen, lebendigen und wahren Gott kein
Gottchen. Wer anbetet, muss auch den Abgrund aushalten. Das Unbe-
greifliche an Gott. Seine Verborgenheit. Umso wichtiger der Raum der
Anbetung. Dass wir Gott auch in der Menschwerdung Gott sein lassen.
Liebe Christen. Wo soll das Herz hin mit dem Besten, was es wahr-
nimmt? Und auch mit dem, wo es ganz verletzt ist? In die Anbetung.
Wohin sonst? Das ist es.
Kommt, lasst uns anbeten.
Amen.

Alternatives Kinderelement: Liedkatechese / Fürbitten

Vorbereitung
Die Strophenteile mit ein paar Leuten einüben. Am besten in zwei Gruppen.
Schilder für die 5 Kinderlektoren schreiben. (Auf der Rückseite können sie ihre Texte
zum Ablesen hinkleben.) Ein Erwachsener soll beim Abstellen der Logos an der Krippe
arrangieren helfen, dass sie zu lesen sind und die Komparsen der Krippe nicht ver-
decken.

Gottesdienstleiter:
Heute will ich mal wissen, ob ihr Leute kennt, die gut Geschichten erzählen können. Sagt mir mal: Wer ist ein guter Geschichtenerzähler oder
eine Erzählerin? ...
Nicht wahr, die Weihnachtsgeschichte ist eine schöne Geschichte?! Viele
haben sie schon erzählt, und die Kinder haben mit hochroten Ohren zu-
gehört. Heute möchten wir mit euch ein Erzähllied[5] singen. Das Lied

---

5   Uns wird erzählt von Jesus Christ, GL LM 808, EGB 57

denkt noch mal nach über die Weihnachtsgeschichte. Was man davon behalten soll. Meint ihr, das geht gut? Singen und denken? … Die einen singen vor, und die andern singen nach, und am Schluss singen alle zusammen. Singen und denken, und dann noch mit zwei Gruppen. Wenn das mal gut geht. Wir haben das schon mal heimlich geübt, und ihr dürft mit einstimmen.

Kantor teilt die Gruppen ein. Alle verteilen sich auf Gruppe 1 oder 2 und singen die 1. Strophe.

Da hat jemand die Ohren gespitzt, was in der 1. Strophe gefeiert wird. Und wir haben auch einen Experten, der sagt uns, wieso.

Kinderlektor 1:
Den Menschen geht es wirklich schlecht.
Und Gott liebt sie doch in echt.
Einer von uns Menschen zu werden,
so kommt er in Jesus jetzt auf Erden.
Die Engel schauen verdutzt an den himmlischen Orten.
Nein, Gott ist kein Engel geworden!
Zu Gott passt nur das Menschsein richtig gut,
weil er alles aus Liebe tut.

Alle: Christ ist geboren *(Refrain)*

Gottesdienstleiter:
Was sagt uns die 2. Strophe?

Kantor singt mit den beiden Gruppen die 2. Strophe.

Kinderlektor 2:
Mit den Reichen ist Gott schon quitt,
denn er bringt viel mehr Liebe mit.
Er wird ein armes Baby, das friert im Stall,
zu teilen die Armut überall.

Alle singen den Refrain.

Gottesdienstleiter:
Dann lasst uns die 3. Strophe singen.

Kantor singt mit den beiden Gruppen die 3. Strophe.

Kinderlektor 3:
Der große Gott wird einer von uns Schwachen,
denn das kann nur ein Bruder machen.
Uns verstehn und aufzurichten,
böse Verfeindungen zu schlichten.

Alle singen den Refrain.

Gottesdienstleiter:
Und nun die 4. Strophe.

Kantor singt mit den beiden Gruppen die 4. Strophe.

Kinderlektor 4:
Die Menschenliebe war so vergammelt,
dass die Tür zum Vater war verrammelt.
Jetzt packt Gottes Sohn selber an,
dass sie jeder selbst öffnen kann.

Alle singen den Refrain.

Gottesdienstleiter:
Zum Schluss singen wir die 5. Strophe.

Kantor singt mit den beiden Gruppen die 5. Strophe.

Kinderlektor 5:
So habe ich durch die Tür zum Vater geschaut
und dem Auge meines Herzens getraut,
dass Gott nur helle Liebe ist.
Herz, dass du mir das mal nicht vergisst!

Alle singen den Refrain.

Gottesdienstleiter:
Also, das war nicht nur ein Erzähllied, sondern auch ein schönes Lern-
lied, bei dem uns das Herz aufgegangen ist. So bitten wir Gott.

Kinderlektor 1:

Für alle Menschen. Weil du Mensch geworden bist, können wir alle echte und gute Menschen werden. *(trägt das Schild MENSCH zur Krippe)*

Alle: Wir bitten dich, erhöre uns.

Kinderlektor 2:

Für alle armen Menschen. Weil du arm geworden bist, sollen wir sie besonders lieb haben. *(trägt das Schild ARM zur Krippe)*

Alle: Wir bitten dich, erhöre uns.

Kinderlektor 3:

Für alle Menschen: Du bist ihr Bruder geworden. Sie sollen sich wie Bruder und Schwester vertragen. *(trägt das Schild BRUDER zur Krippe)*

Alle: Wir bitten dich, erhöre uns.

Kinderlektor 4:

Für alle, die sich verirrt haben. Sie sollen die Tür zum barmherzigen Vater finden. *(trägt das Schild TÜR ZUM VATER zur Krippe)*

Kinderlektor 5:

Für uns und unsere Lieben. Die Liebe Gottes soll immer bei uns sein in unserem ganzen Leben. *(trägt das Schild LIEBE GOTTES zur Krippe)*

Alle: Wir bitten dich, erhöre uns.

Gottesdienstleiter:

So danken wir dir, o Gott, dass du ein armer Mensch geworden bist und preisen deine große Liebe heute und alle Tage unseres Lebens.

Credo

GL 449 *(mit Hinknien zu den inkarnatorischen Artikeln[6]),* oder »Ich glaube an den Vater« (Sing!, 31)

---

6   Natürlich nur, wenn es keinen Organisationsstress macht.

Fürbitten

Fürbittruf (aus GL 129)[7]
Kantor: Licht, das uns erschien, Alle: Kind, vor dem wir knien, Herr, erbarme dich.

Gottesdienstleiter:
Gott der Liebe. Du suchst uns von Ewigkeit her. In Jesus neigst du dich in unser Menschsein hinein. Da sind wir denn auch richtig bei dir mit unseren Bitten.

Lektor:
Betet mit mir für alle Begegnungen, die um dieses Weihnachtsfest herum stattfinden, dass sie von innen her hell werden durch Herzlichkeit und Liebe.

Kantor/Alle: Fürbittruf

Für die Kranken und Leidenden bitten wir um Aufrichtung, gerade wenn ihnen die Feiertage schwer werden.

Kantor/Alle: Fürbittruf

Lass all die, die in diesem Jahr liebe Menschen verloren haben, nicht ohne Trost.

Kantor/Alle: Fürbittruf

Der Weltfriede ist in aller Munde an Weihnachten. Wir bitten dich um die Kraft zum nächsten kleinen Schritt auf den Frieden zu.

Kantor/Alle: Fürbittruf

Dass wir die leidenschaftliche Suche nach dir nicht aufgeben, sondern weitertreiben mit allen Gottsuchern dieser Welt.

Kantor/Alle: Fürbittruf

Gottesdienstleiter:
So sei dir alles anvertraut: Wir haben viel Anlass, darüber den Lobpreis

---

[7] Liednummer nicht anzeigen.

deiner Güte nicht zu vergessen und singen ihn von Herzen gerne heute und alle Tage unseres Lebens.

Lied zur Gabenbereitung

GL 144

Sanctuslied

GL 138, 7+8, oder »Tochter Zion«, 3. Strophe

Friedensgruß

Der Anker haft' auf Erden. Ja, Gott hat sein Schicksal an uns festgemacht. Und wir dürfen diese Verknüpfung des Friedens stark spüren und in vielen Begegnungen realisieren.

Lied vor der Kommunion

GL 143, 1+2

Kerzenkinder begleiten die Kommunion.

Während der Kommunion Instrumentalmusik. Vorschlag: Pastoralen für Flöte oder Oboe, die Leute aus den Blasorchestern eh können.

Kommunionmeditation

Wie weit war dein Weg, o Gott,
bis du in der Krippe angekommen warst?
Wie weit noch mal der Weg,
bis du bei mir ankommst?
Auch ich habe weite Wege in der Seele,

Spuren des Verlierens, des Suchens und des Findens.
Ja, die selige Finderspur.
Menschgewordene Liebe.
Mach mich darin fest.

Danklied nach der Kommunion

GL 143, 3+4

Schlussgedanke

Diese Feiertage sind herausgenommen aus dem Alltagsstress. Eine Chance, die Menschlichkeit festlich zu entdecken, ja zu zelebrieren. Machen wir keinen Krampf daraus. Gönnen wir uns schöne Begegnungen, in denen das Licht einer erlösten Welt funkelt. In diesem Sinne frohe und gesegnete Weihnachten.

Feierlicher Segen der Weihnachtszeit

MB 534

Schlusslied

O du fröhliche, GL Diözesananhänge

18. Vom Konfessionshasser zum Liebenden

Fest des heiligen Stefanus

Kurzablauf

Was?	Wer?
Eingangslied GL 132	. . . .
Kyrie GL 129	. . . .
Zwischengesang 142	. . . .
Homilie für Erwachsene / Kinderimpuls	. . . .
Credolied »Ich glaube an den Vater« (Sing!, 31) oder GL 141, 1	. . . .
Fürbitten	. . . .
Lied zur Gabenbereitung GL 141 ff.	. . . .
Sanctuslied GL 143, 1–3	. . . .
Friedensgruß	. . . .
Lied vor der Kommunion GL 143 ff.	. . . .
Kerzenkinder begleiten die Kommunion	. . . .
Kommunionmeditation Kinderlektor	. . . .
Kommuniondanklied GL 158	. . . .

Aufschluss

Es ist immer wieder erstaunlich, wie viele Menschen sich auch noch am zweiten Feiertag zum Gottesdienst einfinden. Da lohnt es sich schon, kleine Gestaltungselemente zu setzen. Das Kinderelement eignet sich sowohl für einen separaten Kinderwortgottesdienst als auch für einen Familiengottesdienst am Stefanusfest.

Vorbereitung

Für das Kinderelement: Ein Tuch spannen, wie beim Kasperl-Theater. Brot und einige Steine. 2 Hände mit einfarbigen Handschuhen werden die Brot- und die Steinhand pantomimisch darstellen. Meditativ und dramatisch. Kehrvers einüben.

Eingangslied

GL 132

Einleitung

Gut, dass wir uns zum zweiten Feiertag noch einmal treffen. Die Weihnachtsgnade darf nachglühen. Gleichzeitig holt uns mit dem Stefanusfest die Realität ein. Christen in aller Welt sind nicht auf Rosen gebettet wegen ihres Glaubens. Da gibt es Schikanen und immer wieder schlimme Grausamkeiten. Wir brauchen alle Heilkräfte, die von Jesus ausgehen, um hier beherzt bei der Liebe zu bleiben.

Kyrie

GL 129

Zwischengesang

GL 142

Liebe Christen,

Bruderliebe ist manchmal schwerer als Feindesliebe. Stephanus ist nicht von Glaubensfeinden umgebracht worden, sondern von Glaubensbrüdern. Er ist das erste Opfer konfessioneller Streitigkeiten. Allen Religionen fällt es schwer, mit Abweichlern umzugehen. Besonders in den jungen Gründungsphasen. So kommt auch das junge Christentum in diese Schieflage der Liebe, als es gilt, mit verschiedenen Glaubensformen umzugehen. Man nennt die getrennten Brüder und Schwestern Ketzer und duldet keine Glaubensform neben sich. Dieser konfessionelle Hass konnte sich leider auch in den christlichen Kirchen festsetzen. Und es hat fast 20 Jahrhunderte gedauert, bis er überwunden war. Bruderliebe ist manchmal schwerer als Feindesliebe. Gott sei Dank bringen sich heute Christen gegenseitig nicht mehr wegen Glaubensdifferenzen um. Das ist ein entscheidender Fortschritt des letzten Jahrhunderts. Die jungen Leute werden es zwar für selbstverständlich halten, aber angesichts unserer unleidlichen Konfessionsgeschichte sollten wir die Überwindung des Hasses im konfessionellen Miteinander verstetigen und kultivieren. Die Opfer der Ketzerverfolgungen und der Konfessionskriege, angefangen mit Stephanus, mahnen uns daran. Und die älteren Menschen, die noch mit Verwundungen aus diesen Kämpfen herumlaufen. Und eine lange Reihe von Zeugen. Ich nenne nur Johannes XXIII. und Roger Schutz, den Gründer der Gemeinschaft von Taizé.

Andere Konfessionen kennenlernen. Öfter einmal einen evangelischen Gottesdienst besuchen. Einen Gottesdienst gemeinsam halten. Ökumenische Gesprächskreise. Dass wir besonders die konfessionsverbindenden Familien einladen.

Damit wir einander besser kennen. Die Spuren des heiligen Geistes wahrnehmen und ästimieren, die sich in den anderen Konfessionen ausprägen. Und nicht die Ohren zuhalten und mit den Zähnen knirschen, wie es die Mörder des Stefanus taten.

Sie legten ihre Kleider zu Füßen eines jungen Mannes, der Saulus hieß. Der war der Haupthetzer. Und er wurde bekehrt. Vom Saulus zum Paulus. Vom Konfessionshasser zum Liebenden. Stefanus sagt uns: Für die Liebe der Konfessionen dürfen wir etwas tun. Dann entfaltet sich bereichernd die Fülle des Geistes. Amen.

Lesung

Falls der Kinderimpuls gewählt wird, folgende Einleitung zur Lesung verwenden:

Die Jesusfreunde wurden immer mehr. Und viele hatten Hunger. Da sagten die Apostel: Wir brauchen sieben Leute, die die Brote verteilen. Sie überlegten, und Gott gab ihnen gute Ideen. Sie wählten sieben Menschen als Diakone zum Brotverteilen aus. Einer von ihnen war Stefanus.

Kinderimpuls: Brot statt Steine

Gottesdienstleiter:
Was hat der Stefanus mit seinen Händen gemacht?
…
Und da waren noch so Leute mit komischen Namen. (Den Lektor nach den Namen fragen …) Was haben die mit ihren Händen gemacht?
…
Heute sehen wir zwei Hände. Wir denken nach, was man mit den Händen alles machen kann.

Sprecher 1:
Mit den Händen kann man vieles machen. Böses und Gutes. Stefanus' Hand wird gebraucht. Hände sollen das Brot nehmen und verteilen. Andere Hände heben Steine auf, um ihn zu steinigen. Das Brot in der Hand, den Wurfstein in der Hand – oh, das geht nicht gut!

Kantor:
Denen sagen wir aber Bescheid. Den Händen. Wir üben es mal, was wir denen sagen und singen. *Kantor übt kurz mit den Kindern.*

O du Hand, fang doch was Gu - tes an!

Sprecher 2:
Die Brothand – und die Steinhand. Die Hand des Teilens und die Hand

des Werfens. Wenn sie aufeinander losgehen, dann versinkt die Menschheit in Gewalt.

Kinder:

O du Hand, fang doch was Gu - tes an!

Sprecher 2:
Irgendwann merkt die Steinhand, dass etwas nicht stimmt. Sie lässt den Stein fallen und nimmt andere Steine. Mit denen kann sie bauen. Ein Haus, in dem es Brot gibt.

Kinder:

O du Hand, fang doch was Gu - tes an!

Sprecher 1:
Die Steine werden verwandelt. Aus Waffen werden Bausteine. In dieser Verwandlung ist Jesus am Werk. Und er wird zum Eckstein in dem neuen Haus. Keiner wirft mehr Steine. Die Brothand und die Steinhand vertragen sich.

Kinder:

O du Hand, fang doch was Gu - tes an!

Gottesdienstleiter:
Wir nehmen unsere Hände und falten sie. Wir beten zu Gott:

Guter Gott, du hast uns die Hände gegeben.

Wir können damit kräftig zupacken.
Wir dürfen etwas schaffen damit.
Sie sollen Gutes tun.
Und den andern nicht wehtun.
Sondern: teilen, streicheln, tragen, helfen.
Dann wird es gut.
Segne unsere Hände.

Fürbitten

Gottesdienstleiter:
Allmächtiger Gott. An Weihnachten haben wir viel Grund, uns einfach nur beschenkt zu fühlen. Doch darüber wollen wir die Bitten der erlösungsbedürftigen Kreatur nicht vergessen. Sie tragen wir zu dir hin.

Lektor:
Lass unser Inneres aufblühen in der Herzensbildung an der Krippe.

Fürbittruf

Nimm die Seufzer und Gebete der Mühseligen und Beladenen an und mache uns gegenseitig zur Entlastung, damit sie aufatmen können.

Fürbittruf

Betet mit mir für die Familien, die mehreren Konfessionen angehören. Der Geist der Achtung und Hochschätzung, der dort wächst, darf auf die ganze Gemeinde ausstrahlen.

Fürbittruf

Betet mit mir für alle, die um ihres Glaubens willen verfolgt werden. In diktatorischen Ländern. In aggressiven Islamstaaten. In Ausbeutungssystemen, die die Sprecher der Armen mundtot machen.

Fürbittruf

Segne die Begegnungen dieser Tage und lass viel gute Gemeinsamkeit wachsen.

Fürbittruf

Gottesdienstleiter:
Denn du bist Mensch geworden, um in deiner Erlösung das Menschsein neu in Liebe zu entfalten. Wir preisen dich dafür heute und alle Tage unseres Lebens.

Lied zur Gabenbereitung

GL 141 ff.

Sanctuslied

GL 143, 1–3

Friedensgruß

Die Hände des Stefanus stiften uns an. Sie zeigen unseren Händen, wofür wir sie haben. Nicht zum Steine werfen, sondern zum Brot teilen und Frieden kultivieren. Geben wir uns darauf die Hand.

Lied vor der Kommunion

GL 143 ff.

Kerzenkinder begleiten die Kommunion.

Kommunionmeditation

Kinderlektor:
Jesus unser Heiland.
Das war so schön an der Krippe.
Und zu dem Stefanus waren sie so böse.
Er hat aber fest an die Liebeskraft geglaubt.
Und damit war er stärker
als die Steinewerfer.
Ich bitte dich,
gib mir tapferen Mut zur Liebe.

Kommuniondanklied

GL 158

19. Krippenandacht mit Kindersegnung in der Weihnachtszeit

Vorbereitung

Zur Krippenandacht auf den üblichen Wegen (Pfarrbrief, Zeitung, Homepage, Plakat, Handzettel) einladen:

> Zur Krippenandacht mit Kindersegnung sind alle Kinder herzlich eingeladen am ....
>
> um Uhr ....
>
> in die .... kirche.
>
> Wir freuen uns, wenn ihr Instrumente mitbringt, auf denen ihr Weihnachtslieder spielt. Auch, wer ein Weihnachtsgedicht kann, darf es vortragen. Bringt bitte auch die Adveniat-Opferkästchen mit.

Vor der Krippenandacht mit den anwesenden Instrumentenkindern klären, welche Lieder sie geübt haben. Ein Leporello mit den gängigsten Liedern ist hilfreich. Bei manchen reicht der Text, unbekanntere mit Melodie abdrucken. Die hier vorgeschlagenen Lieder werden gegebenenfalls ersetzt durch Lieder aus dem Repertoire der Instrumentenkinder. Die Kinder dürfen sich gleich an der Krippe versammeln. Zum Segen sollen sich die Kinder in einer Querreihe vor den Altarstufen aufstellen. Bitte vorher ein paar Mütter oder Väter instruieren, dass sie nach dem Vaterunser den Kinder dezent helfen, in diese Formation zu kommen und in einer Querreihe nebeneinander zu stehen. Stille ist nun wichtig!

Eröffnung

Ein Kind läutet die Eingangsglocke.

Gottesdienstleiter:
Ein herzliches Willkommen den Kindern heute an der Krippe. Wir besuchen Jesus und freuen uns über ihn. Habt ihr etwas mitgebracht?
…
Singen wir das erste Lied:

Lied

»Ihr Kinderlein, kommet«

Eingangsgebet

Kinderlektor:
Jesus, Krippenkind. Wir sind zu deiner Krippe gekommen. Weil wir dich feiern und lieb haben. Hier ist so viel Liebe von Gott. Wir wollen sie teilen und deine Freunde sein.

Gespräch

Über die Figuren an der Krippe: Warum der arme Stall?

Lied

Eines der Lieder, die von den Kindern vorbereitet wurden.

Gespräch

Über den Sinn der Geschenke: Freude …

Ein Freudenlied

Etwa »Tochter Zion«.

Opfergang

Mit den Adveniatkästchen zur Krippe – Sinn der Sternsingeraktion erläutern.

Gedicht

Falls ein Kind ein Gedicht vorbereitet hat.

Lied

Hier können auch mehrere Lied- oder Gedicht-Vorträge folgen.

Fürbitten

Gottesdienstleiter:
Für wen wollen wir heute besonders beten?

Spontane Fürbitten der Kinder

Oder:

Kinderlektor(en):
Lass uns gerne an der Krippe sein.

Alle: Jesus, höre unsere Bitten an der Krippe.

Segne unsere Lieben zu Hause.

Alle: Jesus, höre unsere Bitten an der Krippe.

Hilf allen Kindern, die sehr arm groß werden.

Alle: Jesus, höre unsere Bitten an der Krippe.

Die kranken Menschen sollen viel Liebe erfahren.

Alle: Jesus, höre unsere Bitten an der Krippe.

Alle, die unterwegs sind, sollen gut ankommen.

Alle: Jesus, höre unsere Bitten an der Krippe.

Gottesdienstleiter:
So lass uns alle froh werden in deiner Liebe, heute und alle Tage unseres Lebens.

Vaterunser

Erwachsene helfen den Kindern dezent, sich in Querreihe aufzustellen.

Schlussgedanken

Menschgewordener Gott.
Wir sind zur Krippe gekommen.
Hier breiten wir unser großes Staunen aus.
Hier werden wir still vor dem Wunder.

Das kleine Baby sagt uns viel von deiner Größe.
Jesus lässt uns spüren, wo das Leben herkommt.
Ja, aus Liebe.
Das ist ganz einfach.
Und doch so großartig.

Ja, da ist der Segen,
der auf den Hirten liegt,
da sie sich aufmachen
mit ihren Schafen
und staunen beim Kind.

Die Engel haben ihn angesungen.
Unser Herz hört den himmlischen Klang!
Horch, er stimmt und klingt zusammen
mit der Sehnsucht unseres Herzens.

Segenswort

Du aber, Gott,
verborgen im Krippenkind,
sei du unser Segen.

Ja, das Jesuskind, ja, der große Christus,
welch ein Heil und welche Freude.

Herrlich und kindlich
entfaltet sich sein Geist,
er lasse uns sprießen zum Segen.

Stiller Segen als Handauflegung

Währenddessen summen die Erwachsenen ein leises Krippenlied.

Stiller Ausgang

20. Eine gute Familie?

Fest der heiligen Familie

Kurzablauf

Was?	Wer?
Eingangslied GL 147	. . . .
Kyrie GL 129	. . . .
Lesung aus Gen 15, 1–6; 21, 1–3	. . . .
Zwischengesang GL 741, V 1–8	. . . .
Ruf vor dem Evangelium GL 155	. . . .
Dialogpredigt oder die Geschichte vom schwarzen Schaf	. . . .
Credolied »Ich glaube an den Vater« (Sing!, 31) oder GL 141, 1	. . . .
Fürbitten (Familienlitanei)	. . . .
Lied zur Gabenbereitung GL 142	. . . .
Sanctuslied GL 143, 1–3, oder »Tochter Zion« 3. Strophe	. . . .
Friedensgruß	. . . .
Lied vor der Kommunion GL 140,	. . . .
Kerzenkinder begleiten die Kommunion	. . . .
Familiensegen	. . . .
Kommuniondanklied GL 140, 2 ff.	. . . .

Aufschluss

Es werden hier vier Textelemente angeboten: Dialogpredigt, Geschichte, Litanei und Familiensegen. Bitte höchstens zwei davon nehmen! Die Gläubigen haben an den Feiertagen viele Predigten gehört und sind meistens sehr gesättigt.

Eingangslied

GL 147

Kyrie

GL 129

Zwischengesang

GL 717, Vers 1–7

Halleluja

GL 155

Dialogpredigt

Gottesdienstleiter:
Schwestern und Brüder, die Heilige Familie wird uns als Vorbild vorgestellt, als ein Modell, nach dem unsere Familien sich ausrichten können, wenn sie eine gute Familie sein wollen.

Sprecher:
Was ist denn das, eine »gute« Familie?

Gottesdienstleiter:
Na ja, halt eine richtige Familie, eine intakte Familie, wo alles in Ordnung ist!

Sprecher:
Jesus wird groß mit einem Vater, der nicht sein Vater ist. War da alles in Ordnung?
Wenn ich in unsere Gemeinde gucke, dann leben weit mehr als ein Drittel allein schon im Sinne der Kirche in keiner »richtigen Familie«. Sie leben in einer unvollständigen Familie – Singles, Alleinerziehende, oder in einer Restfamilie, so wie nach Scheidung oder Todesfall die Leute übrig bleiben. In sogenannten Patchworkfamilien, wie sie sich danach wieder aus Resten zusammenfinden … viele Formen gibt es heute. Und wenn wir heute das Fest der Heiligen Familie feiern, dann setze ich das nicht gleich mit dem, was wir so als richtige Familie oder intakte Familie bezeichnen.

Gottesdienstleiter:
Sondern?

Sprecher:
Ich schlage vor, dass wir es als Fest der unvollständigen Familie feiern. Dieses Jesuskind ist ja auch nicht in einer richtigen Familie groß geworden. Ein uneheliches Kind. Von seinem Großwerden hören wir nur eines: Diese Geschichte vom Tempelbesuch. Überschrift: Wer ist mein Vater?

Gottesdienstleiter:
Der pubertierende Junge muss diese Frage wohl sehr deutlich mit sich herumgetragen haben. Auf dem Hinweg von mehreren Tagesreisen: Wer ist mein Vater? Umgeben, vielleicht auch gehänselt von Buben, die stolz von ihren Vätern zur Bar-Mizwa geführt wurden – dein Papa, der ist ja gar nicht dein richtiger Papa. Wer ist mein Vater? Über dieser Frage vergisst der junge Jesus im Tempel den Rest der Welt. Nicht zuerst als theologische Offenbarung, sondern als grundmenschliche Frage: Wer ist mein Vater? Wo gehöre ich hin? Das Zugehörigkeitsgefühl zur Verwandtschaft, bei der die aufgeregte Mutter ihn dann sucht, ist offenbar nicht stark ausgeprägt. Und das ändert sich auch in den kommenden 21 Jahren nicht, das Verhältnis Jesu zu seiner Familie und seiner Sippschaft. Jesus lässt sie deutlich spüren: Ihr seid ja gar nicht meine richtige Familie,

Weihnachten

meine richtige Familie, das sind die, für die Gott Vater ist, und die die Liebe seines Willens auch praktisch tun.

Sprecher:

Ja, das sind, kurz gefasst, die Erfahrungen, die Jesus mit seiner Familie gemacht hat, die er nicht als seine richtige Familie sieht. Und ich meine, wir dürfen sie nicht überspringen. Um Jesu willen. Aber auch um der vielen, vielen Menschen willen, die eben in keiner sogenannten richtigen Familie leben. Wir haben diesen Leuten oft Steine statt Brot gegeben. Oft vor allem das Gefühl, ich bin in der Kirche wohl falsch am Platz. Ich bin an Weihnachten wohl nur als Störenfried der Bilderbuchfamilien vorgesehen. Und am Fest der Familie würde ich mich am liebsten ganz weit ins Mauseloch verkriechen, weil mir zum x-ten Mal mein familiäres Sündenregister vorgerechnet wird. Eben im Lob der sogenannten intakten, Heiligen Familie. Die Kirche hat noch viel, viel aufzuholen, um diesen Menschen ihre Würde wiederzugeben.

Gottesdienstleiter:

O ja – halten wir also fest: Als Kirche Jesu Christi haben wir besondere Verpflichtungen, die Leute warmherzig und ohne jedes Moralisieren zu akzeptieren, die in einer sogenannten unvollständigen Familie leben.

Sprecher:

Da brauchen wir noch viele Ideen und Initiativen. Wir sollten so kreativ daran gehen, wie es unvollständige Familien machen Da werden alle gebraucht: Die Vorlesepaten, die Jugendlichen, die Babysitterdienst machen, die Paten, die Stütze geben, die Hausgemeinschaften und Nachbarschaften, die Krabbelgruppen, das Mütterfrühstück, die Väterevents und die Vize-Omas und und und.

Gottesdienstleiter:

Das Fest der heiligen, unvollständigen Familie gibt so gute Impulse fürs neue Jahr.

Geschichte: Das schwarze Schaf

Die folgende Geschichte als Predigtalternative zum Fest der heiligen Familie.
Tipp: Sie wirkt authentischer, wenn man den Besucher im örtlichen Dialekt reden lässt.

Die Putenreste waren angesagt an jedem zweiten Weihnachtsfeiertag im Oberreifenberger Pfarrhaus. Meine Mutter und Geschwister hatten sie mitgebracht. Diese Wiederaufbereitungszeremonie wurde jäh unterbrochen. An der Haustür, nach dem Klingeln, mit Wind und dicken, Streifen ziehenden Schneeflocken: »Diese Pharisäer!«, tönte es mir entgegen. »Herr Pfarrer, ich muss ihnen das jetzt mal ganz genau erklären!« »Kommen Sie rein, Herr ...«, stotterte ich. Ich verschluckte seinen Dorfnamen, denn den hörte er nicht gerne, wegen bitterer Kindheitserfahrungen, soviel wusste ich schon von ihm. Sein winter- und puterrotes Gesicht unter der Persianermütze erinnerte mich an die Wutanfälle des Truthahns meiner Tante, der mir schöne Federn geliefert hatte, nun aber, wie gesagt, wiederaufbereitet wurde. Der Empörte fiel mit einem Schwall Schneewind in den Vorplatz ein und strebte dem Besucherplatz im Büro zu, auf den er sich so setzte, dass klar wurde: Das war sein angestammter Beschwerdeplatz. »Es ist ein Skandal«, schimpfte er, mit unpassend schlaffen Gesichtszügen, aber feuchter Aussprache. »Ja, was denn?« fragte ich ihn. »Das mit dem schwarzen Schaf«, klärte er mich auf. »Ja, wissen Sie das denn nicht?« »Also das war so. Ihr Vorgänger, der Herr Prälat, hat vor drei Jahren in der Christmette gepredigt. Und dabei hat er ein schwarzes Schaf gezeigt, das ihm ein Gönner für die Krippe in der Kirche gestiftet hatte. Und dann sagte er: Heute predige ich speziell für alle schwarzen Schafe.« »Interessante Idee«, meinte ich. »Ja, aber dann ...« der Besucher steigerte den Luftausstoß, »dann ging's erst richtig los«. »Da haben die mit dem Finger auf mich gezeigt, diese Gernegroße! – Du bist gemeint!! – Diese Holofernesse ... – Deine Tochter geht doch mit einem Schwarzen! – Diese Rassisten!«. Und er erzählte das Drama, das er mit dem Dorfspott auszustehen hatte, von Kindesbeinen an bis zu dieser Zeit. Der hatte ihn verhärtet und Stalingrad auch, und in der Schlosserlehrwerkstatt der Bahn hatte er Härte weitergegeben. Und das war nicht mehr gefragt, und deshalb war er früh daheim und musste sich im Milieu all der Weicheier und Pharisäer bewegen. Da hat er es ihnen aber gegeben. Von der Bonhommie des Prälaten hat er sich nicht abwimmeln lassen. Der Pfarrgemeinderat musste ran und bekam ein ganzes Jahr lang den Punkt »Schwarzes Schaf« nicht von der Tagesordnung. Dekan, Bezirksdekan und Bischof … von allen Instanzen kramte und las er mir aus dem schneenassen Mantel abgestoßene und randerweichte Briefe vor. Offenbar hatte man eine Kompromissformel gefunden, die weder Prälat noch Gönner verprellte, und auf die sich der Gekränkte unter Knottern eingelassen hatte: Das schwarze Schaf sollte nicht ganz verschwinden, aber doch versteckt hinter der Krippe aufgestellt werden.

»Und genau das haben sie nicht gemacht!« tönte der Empörte: »Genau vorne hin hat er's platziert, frontal genau vor die Krippe. Richtig provozierend!« Der Küster war ein Filou. Selber erbärmlich groß geworden, kompensierte er die früheren Entbehrungen, indem er täglich andere an der Nase rumführte und besonders die Leute ärgerte, deren wunde Stellen er kannte. Jedes Jahr trickste er mich aus und platzierte im letzten Moment das schwarze Schaf »provozierend« vor den Frieden der Krippe, der damit wieder hin war.

Und damit war dann unser familiäres Pfarrhausritual des zweiten Weihnachtstages unterbrochen oder bereichert, wie man es nimmt. Jedenfalls mussten die Putenreste für mich alle Jahre wieder zum dritten Mal aufgewärmt werden, nachdem ich um die Mittagszeit all die Geschichten von Härten und Verletzungen des frühverrenteten Schlosserlehrers anhören durfte.

In einem Jahr kam er erst nach Dreikönig. »Sie kommen mir wie gerufen«, empfing ich ihn. »Ich brüte gerade über der Fastnachtsrede und mir will nichts einfallen.« Da war er sehr kurz angebunden und kam in dieser Sache nie wieder. Und man sagt mir, dass das schwarze Schaf immer noch an der Oberreifenberger Krippe steht, hoffentlich nicht so provozierend.

Beten wir um Barmherzigkeit und Akzeptanz für alle schwarzen Schafe in der Familie und in der Kirche.

Credolied

»Ich glaube an den Vater« (Sing!, 31) oder GL 141,1

Fürbitten (Familienlitanei)

Gottesdienstleiter:

Vater im Himmel. Am Fest der Heiligen Familie schauen wir auf die Verknüpfungen der Liebe, in denen wir leben. Wir bitten dich.

Lektor:

um Herzlichkeit für die Väter – **Alle:** Wir bitten dich, erhöre uns.

- um Klarheit für die Mütter –
- um Langmut für die Großväter –
- um ein gutes Herz für die Großmütter –
- um Kraft für die Liebenden –
- um Mut für die Brautleute –
- um Ergänzung für die konfessionsverbindenden Familien –
- um lebendigen Zusammenhalt für die Eheleute –
- um Phantasie für die Paten und Patinnen –
- um Eifer für die Brüder –
- dass sich die Schwestern leiden können –
- dass Brüder und Schwestern sich wieder vertragen –
- um Barmherzigkeit für die schwarzen Schafe –
- um Trost für die gebrochenen Herzen –
- um Stütze und heilende Liebe für die zerbrochenen Familien –
- um Verständnis und Hilfe für die Alleinerziehenden –
- um Akzeptanz für die gleichgeschlechtlich Liebenden –
- um Zusammenhalt mit den Weggezogenen –
- um Aufmerksamkeit für die Kinderlosen –
- um Hilfe für die Kinderreichen –
- um Segen für die Schwangeren –
- um Aufgeschlossenheit für die Eingeheirateten –
- um Fürsorge für die schwachen Alten –
- um Freiraum für die starken Jungen –
- um gute Freunde für die Behinderten –
- um Zusammenhalt mit den Familien, die aus dem Wohlstand wegbrechen –
- um Glauben in unserer Mitte –
- um Liebe in unseren Herzen –
- um Hoffnung in unserem Sinn –
- dass die öffentlich Verantwortlichen die Familien fördern –
- dass Väter und Mütter in unserer Kirche von den Ämtern nicht aus-

geschlossen bleiben, ihr Lebenswissen wird dort dringend gebraucht –

- dass wir einander ein Segen sind – mütterlich, väterlich, geschwisterlich –
- Heilige Maria, Mutter Gottes, *Alle:*. bitte für uns
  Heiliger Josef, *Alle:* bitte für uns

Alle Heiligen, Väter und Mütter, Brüder und Schwestern, *Alle:* bittet für uns.

Lied zur Gabenbereitung

GL 132

Sanctuslied

GL 143,4 oder GL 491

Lied vor der Kommunion

»Erde singe«, 3. Strophe oder GL 140,4

Kerzenkinder begleiten die Kommunion.

Kommunionmeditation

Kinderlektor:
Lieber Jesus.
Da warst du ja ganz schön viel unterwegs als Baby und als Kind.
Ob du gern gereist bist? Wir sind ja in diesen Tagen auch viel unterwegs, zur Oma und zu netten Bekannten.
Das finde ich sehr cool und spannend.
Für euch aber war das wohl sehr stressig.
Immer wieder aufbrechen auf des Engels Befehl.
Ich bitte dich für alle Familien, die schwierige Lebensstrecken gehen müssen.
Für alle, die Schweres mitmachen. Für meine Lieben
und für all die Menschen, die Liebe brauchen.

Kommuniondanklied

»Auf Christen ...« (GL Diözesananhänge) oder GL 140,2 ff.

Familiensegen

Frauen: Gott, du bist unser Segen. // In unserem Miteinander leuchtet Anmutung auf, // die von dir kommt. // Es ist wohl nicht alles perfekt. // Du kennst unsere segenshungrigen Seelen. // Unsere tastenden Hände, // die spüren, dass sie Verständnis und Eintracht suchen. // Dass es uns dann wieder aufleuchtet, // wie wir es eigentlich miteinander meinen. // Mehr noch: Wie du es mit uns meinst. // Darum rufen wir nach dir. // Dafür brauchen wir dich.

Männer: Lass es uns gelingen, dass wir deinem heiligen Namen // in unserer Mitte Raum geben. // In unserem Schweigen. // In unseren Gebeten, // in unseren Gesten. // Und stifte uns an, dass wir einander ein Segen sind. // Am Abend und am Morgen. // Unterwegs und zu Hause. // Zu Tisch und im Auto. // In Gesundheit und Krankheit. // Die Kleinen den Großen // und die Großen den Kleinen. // Lass den Quell deiner Gnade in der Mitte // unserer Liebeslandschaft sprudeln. // Und die Spur der Seligkeit und Erquickung.

Frauen: Du weißt nicht allein, // wenn jemand von uns besonderen Segen braucht: // väterlich, mütterlich, // geschwisterlich, // kindlich // erfahrungsreich und gereift. // Wir spüren es auch. // Dass wir ihn denn einander auch weitergeben, // deinen Segen, // mit Herzen, Mund und Händen. // Gut, wenn wir einander segensreich berühren können. // Still mit der Hand, // mit Kreuz und Weihwasser. // Und auf vielfältige Weisen, zu denen du uns anstiftest.

Alle: Gib uns Zusprüche wie Segenskeime. // Wie oft braucht unsere Sorge füreinander // deine Segenskraft auf die Ferne hin. // Danke, dass du unser Segen bist. // Diesem Segen trauend, mach uns zu einem Segen füreinander.

Weihnachten

Ins neue Jahr

... mit Böllerkrach und Funkensprühen?

Die wahre Kraft des Anfangs liegt in der Stille
des aufbrechenden Morgenlichtes …

21. Am Fluss der Zeit

Gottesdienst an Sylvester

Kurzablauf

Was?	Wer?
Eingangslied GL 157, 1–3	. . . .
Einleitung	. . . .
Stille	. . . .
Bußakt *mit Janssens-Kyrie unterlegt*	. . . .
Lied GL 158, 1, 3	. . . .
Tagesgebet.	. . . .
Psalm	. . . .
Lied »Meine Zeit steht in deinen Händen«, 1. Strophe + Sonderstrophen zum Jahreswechsel	. . . .
Predigtmeditation »Am Fluss der Zeit« oder: »Eingeschrieben in die Hand Gottes«	. . . .
Dankgebet	. . . .
Lied: »Von guten Mächten« (TR 717, 1, 2, 5, 6) Aussetzung des Allerheiligsten	. . . .
Gemeinsames **Gebet** vom Zettel	. . . .
Tantum ergo *GL 542*	. . . .
Segen	. . . .
Te Deum *GL 258*	. . . .

Aufschluss

Die Verschränkung von Zeit und Ewigkeit gibt dem Jahreswechsel eine eigene Beson-
nenheit. Wir dürfen sie doppelt aufgreifen im Sylvester- und Neujahrsgottesdienst. In
den Segensbildern vom »Fluss der Zeit« und der »Hand Gottes« darf unsere Bewe-
gung angerührt und geborgen sein. Hier wird viel Material geboten: Bitte unbedingt
auswählen!
Hinweis: Es muss an Sylvester nicht unbedingt eine Eucharistiefeier sein.

Vorbereitung

Liedblatt drucken mit den Liedern, die nicht im Gotteslob stehen. »Meine Zeit steht
in deinen Händen« nur mit Sonderstrophen. Dazu das gemeinsame Gebet zum
Jahresschluss. (S. 180 f.) Alles mit den Kirchenmusikern gut absprechen! Eine Aufnah-
me von Smetanas »Die Moldau« besorgen, mit CD-Player und einfühlsamem Bedie-
ner bereithalten. Vorsicht: sehr leise und sehr laute Teile! Ein kleines, tragbares Gerät
reicht vermutlich! Aussetzung des Allerheiligsten vorbereiten.

Eingangslied

GL 157, 1, 2, 6 gegebenenfalls nach der Melodie von 549 oder nach EGB
64

Einleitung

Seien Sie alle herzlich gegrüßt. Gut, dass wir hier vor dem Jahresausgang
zusammenkommen.
Denn irgendwie streift uns heute die Vergänglichkeit besonders. Gut,
dass wir damit nicht alleine sind. Es tut uns Zeitlichen gut, dass wir uns
mit unserer durchwachsenen Zeiterfahrung gemeinsam in den göttlichen
Bereich der ewigen Liebe stellen.

Stille

Bußakt

mit Janssens-Kyrie unterlegt

Gott, du Herr über Zeit und Ewigkeit.

Manchmal nagt der Schwund der Zeit an uns.

Kyrieruf

Was wird bestehen vor deinem Gericht?

Kyrieruf

Lass uns mit dem Vergang nicht untergehen, sondern läutere uns in eine erlöste Lebenszeit hinein.

Kyrieruf

Der ewige Gott erbarme sich unser. Er vergebe uns unser Versagen.
Er berge die Verfehlungen unserer Zeit in seiner erneuernden Liebe.
Amen.

oder: So nimm von uns unsere Schuld. Entlaste unser armes, zeitliches Herz, damit es aufatmet in deiner ewigen Liebe. Amen.

Lied

GL 158, 1, 3

Tagesgebet

Ewiger Gott. Wir kommen zu dir, weil wir dir vertrauen.
Du bist die Liebe, die unseren Lebenstagen Sinn gibt.
Du bist das Licht, das unsere Jahre mit Hoffnung erleuchtet.
Und über alle Zeit hinweg bist du der Lebendige.
Wir preisen dich in Ewigkeit.

Lesung: Kohelet 3, 1–11

Psalm

Einleitung zum Psalm (GL 731, Verse 6–17)
Kantor: Wir singen das Lob Gottes mit Bildern der Ersprießlichkeit aus dem natürlichen Jahresablauf. Alles, was sonst gewachsen ist in diesem Jahr, tragen wir darin ein. Wir beginnen mit Vers 6.

Evangelium: Lukas 13, 6–9

Jahresrückblick

Der folgende Jahresrückblick wird sehr leise unterlegt mit der Musik von Smetanas »Die Moldau«. (In den Pausen lauter stellen.)

Gottesdienstleiter:
Schwestern und Brüder,
ich lade Sie ein, das alte Jahr zu erinnern und zu verabschieden. Ist die Zeit nicht wie ein Fluss? Sie fließt vorbei und ist nicht zu stoppen. Setzen wir uns an den Rand dieses Flusses und schauen wir auf den Fluss der Zeit.

½ Min. Zwischenspiel, danach leise die Texte unterlegen.

Sprecher:
In uns selbst pulsiert der Strom der Zeit. Oft als Hektik. Wir schauen auf Termine. Lassen uns scheuchen von Nützlichkeiten. Wie schwer fällt es, befangene Zeiterfahrung zu erweitern. Den Blick auf die großen Zeitspannen zu gewinnen.

½ Min. Zwischenspiel, danach leise die Texte unterlegen.

Gottesdienstleiter:
Wo waren unsere Quellen und Ursprünge?
Vieles verliert sich im Dunkeln und im Unbewussten. Quellen der Erquickung in der Gnade Gottes. Wellen und Stromschnellen der Freude mit einem starken, tragenden Strom darunter. Sanft hat er das Schiff getragen, das geladen ist bis an den höchsten Bord mit überfließender Güte.

Ins neue Jahr

½ Min. Zwischenspiel, danach leise die Texte unterlegen.

Sprecher:

Da sind unsere Erfolge. Wo das Leben wirklich gelungen ist. Wo wir Ergebnisse vorweisen können. Wo wir echt weitergekommen sind. Wo wir stolz drauf sind. Gelungenes Leben. Mit Dankbarkeit erinnern wir uns daran.
Und an die, denen wir das mit verdanken.

½ Min. Zwischenspiel, danach leise die Texte unterlegen.

Gottesdienstleiter:

Wie Gott auf den Fluss unserer Lebenserfolge sieht? Freut er sich mit? Vielleicht ist seine Sicht noch mal anders. Er sieht vergessene Früchte der Liebe. Und die eigentlichen Erfolge, die weniger in den Bilanzen und Zeugnissen, aber in den Herzen eingeschrieben sind.

½ Min. Zwischenspiel, danach leise die Texte unterlegen.

Sprecher:

Der starke Strom des Leids. Erstickter Tränen. Verstummter Fragen und stiller Schreie: Warum? Wenn er uns nicht selbst durchströmt hat, so fließen doch um uns herum diese zehrenden, dunklen Wasser.

½ Min. Zwischenspiel, danach leise die Texte unterlegen.

Gottesdienstleiter:

Und das Trübe, Verunreinigte. Falsche Zuflüsse, ja giftige Wasser. Sie kommen nicht nur von außen: Im Herzen wurde auch manches angeschwemmt. Ablagerungen von Schuld und Bosheit.

½ Min. Zwischenspiel, danach leise die Texte unterlegen.

Sprecher:

Dann aber immer wieder die menschlichen Begegnungen. Klares Segenswasser sammelt sich in ihnen. Mit auf und ab. Gute Namen werden vom Erinnerungsstrom getragen. Bringen das Licht darauf zum Tanzen.

½ Min. Zwischenspiel, danach leise die Texte unterlegen.

Gottesdienstleiter:

Ja, aus der Tiefe hast du uns immer wieder gespeist. Erneuerung aus dem Quell des Lebens bei dir. Und in den Strudeln des Scheiterns? Da mag Frust mitfließen und manch sperriges Treibgut. Erkaltete Liebe. Einbildung und Egoismus. Zwischendrin unser Herz, manchmal hin und her geworfen. Manchmal am Untergehen. Manchmal obenauf. Aber mit getragen vom Strom der göttlichen Liebe.

½ Min. Zwischenspiel, danach leise die Texte unterlegen.

Sprecher:

Ja, alles fließt. Und das Verflossene ist vorbei. Manches würden wir noch gerne festhalten. Ob wir dem großen Kreislauf trauen können? In ihm fließt das Verflossene und Vergangene durch die Läuterung des göttlichen Gerichts.

½ Min. Zwischenspiel, danach leise die Texte unterlegen.

Gottesdienstleiter:

Und die Mündung. Ja, einmünden in das große Meer der göttlichen Liebe. Nicht erst später einmal. Sondern heute schon in lebendigen Zusammenhang sein mit Dir, dem großen, unerschöpflichen Meer.

Alternativ: Fantasiereise: Eingeschrieben in die Hand Gottes

Alternative zum Jahresrückblick

Lied: »Meine Zeit steht in deinen Händen« (TR 459)
Die Stille ist sehr wichtig nach den einzelnen Impulsen vor dem Kehrvers. Natürlich soll das ganze Lied (möglichst responsorisch) im Gottesdienst an anderer Stelle gesungen werden.
Man kann auch bei jedem Kehrvers eine Kerze anzünden. Zwei Sprecher können sich den Part aufteilen.

Gottesdienstleiter:

Widmen wir uns noch mal unserer Lebenszeit des letzten Jahres. Schreiben wir sie sozusagen ein in die Hand Gottes.

Alle: Meine Zeit steht in deinen Händen. Nun kann ich ruhig sein, ruhig sein in dir. Du gibst Geborgenheit, du kannst alles wenden, gib mir ein festes Herz, mach es fest in dir.

Gottesdienstleiter:
Zeit für mich. / Die Zeit, die wir für uns selbst hatten. / Während der Arbeit. / Auf dem Weg. / In Ruhepausen. / Zufriedene Zeit. / Zeit, in der ich mich nicht leiden konnte. / Produktive Zeit, ausgeschöpft, oft bis zum Rand. / Zeit zur Besinnung. /

Alle: Meine Zeit steht in deinen Händen …

Gottesdienstleiter:
Zeit zum Lieben. / Seligkeit der Liebe. / Prüfungen der Liebe.

Stille

Alle: Meine Zeit steht in deinen Händen …

Gottesdienstleiter:
Zeit zum Reden. Zeit zum Schweigen. Gute Gespräche. Problematische Gespräche.

Stille

Alle: Meine Zeit steht in deinen Händen …

Gottesdienstleiter:
Gesundheit. / Wohlergehen. / Aufblühen. / Krankheit. / Schmerzen. / Schlaflosigkeit.

Stille

Alle: Meine Zeit steht in deinen Händen …

Gottesdienstleiter:
Zeit der Freude. / Inneres Glühen. / Begegnungen. / Entdeckungen. / Feste. / Harmonien.

Stille

Alle: Meine Zeit steht in deinen Händen …

Gottesdienstleiter:
Krisenzeiten. / Verpasste Zeiten. / Vermurkste Zeiten. / Konflikte. / Verluste.

Stille

Alle: Meine Zeit steht in deinen Händen ...

Gottesdienstleiter:
Erhellte Zeiten. / Geschenkte Zeiten. / Beschwingte Zeiten. / Glücksmomente. / Wiedergefundene Hoffnung.

Stille

Alle: Meine Zeit steht in deinen Händen ...

Gottesdienstleiter:
Schwestern und Brüder. Das alles in die Hand Gottes eingeschrieben. Seine Liebeserinnerung fasst unsere Jahreserinnerungen heilsam zusammen. Aus seiner guten Hand empfangen wir ein neues Jahr der Gnade.

Vater im Himmel, die Ernte dieses Jahres bringen wir dir dar.
Du weißt, was gut war,
du weißt, was fruchtlos geblieben ist.
Nimm es hinein in die Erlösungstat Christi.
Auf dass wir im neuen Jahr
lebendig an ihm teilhaben.
Ja, selber Früchte der Liebe und Gnade
bringen und sind
durch Christus, unsern Herrn.

Lied

»Meine Zeit steht in deinen Händen« (TR 459)

Nur die erste Strophe + Sonderstrophen zum Jahreswechsel:

2. Heute gehen wir in die neue Zeit. // Sind gespannt, was alles kommen mag. // Manchmal hoffend, manchmal auch verzagt, // geben wir uns ganz in deine Hand. *Refrain*

3. Uns're Wünsche für das neue Jahr // schreiben wir getrost in deine Hand. // Und du trägst uns, täglich neu und gut, // birgst uns sicher, warm und segensreich. *Refrain*

Dankgebet

Gottesdienstleiter:
Gott unserer Zeiten. Wir haben viel Grund zum Dank.

Sprecher:
Wir beten in Gemeinschaft mit den Täuflingen des letzten Jahres, ihren Familien und Paten. Die Weggemeinschaft der Erwachsenen ist uns kostbar geworden, die den Weg in die Kirche suchen.

Alle singen den Kehrvers (aus GL 158):[1] Dem Herrn, der Tag und Jahr geschenkt, der unser Leben trägt und lenkt, sei Dank und Lob gesungen.

Die Gemeinschaft mit den Kommunionkindern des vergangenen Jahres hat uns gut getan. In herzlicher Verbundenheit sehen wir die Neuen nun hineinwachsen in dein Reich.

Alle: Dem Herrn, der Tag und Jahr geschenkt, ...

Die Umkehrgemeinschaft der Buße stärkt uns.

Alle: Dem Herrn, der Tag und Jahr geschenkt, ...

Die, die geheiratet haben, erinnern wir mit ihrem gemeinsamen Weg vor dir. Und alle Eheleute, die besonders schwere Wegstrecken zu gehen hatten.

Alle: Dem Herrn, der Tag und Jahr geschenkt, ...

---

[1] Man kann auch einen alternativen Kehrvers singen auf die bekannte Melodie von: »Schweige und höre, neige deines Herzens Ohr ...« mit dem Text: »Unsern Weg ins neue Jahr / mach durch Jesus Christus hell / Halt' uns zusammen.« Ggf. im Liedblatt abdrucken.

Die Kranken, die durch die heilige Salbung gestärkt wurden, sind dir heute noch einmal besonders anempfohlen und alle, die von Schwächen gezeichnet sind.

Alle: Dem Herrn, der Tag und Jahr geschenkt, …

Unsere Seelsorgerinnen und Seelsorger, alle, die in geistliche Berufe hineinwachsen, die Religionslehrer und die Katecheten und alle, die uns im letzten Jahr gute Impulse für dein Reich gegeben haben.

Alle: Dem Herrn, der Tag und Jahr geschenkt, …

Wer unsere Glaubensgemeinschaft verlassen hat, der ist nicht abgeschrieben.

Alle: Dem Herrn, der Tag und Jahr geschenkt, …

Unserem Bischof … und unserem Papst … sind wir verbunden. Wir nehmen die Gebetsgemeinschaft und den geschwisterlichen Dialog mit in das neue Jahr.

Alle: Dem Herrn, der Tag und Jahr geschenkt, …

Zwischenspiel Orgel

Lied

»Von guten Mächten« (TR 717, 1, 2, 5, 6)

Währenddessen Aussetzung des Allerheiligsten.

(Gemeinde)Gebet zum Jahresschluss

Ewiger Gott.
Durch Christus kennst du unsere Tage und Jahre von innen.
Aus der Flüchtigkeit der Zeit rettest du die Frucht der Liebe
zum ewigen Leben.
So kommen wir heute zu dir mit der Erfahrung dieses Jahres.

Wir loben dich für unsere innerste Verbindung zu dir.
In schönen Zeiten, beseelt und beflügelt.

Du weißt auch um die verbogenen Zeiten.
Als unser Leben in Oberflächlichkeit versandete.
Danke für deinen Geist in beseelten Zeiten,
Danke für deine Geduld in verwirkten Zeiten.

Schau auf die Menschen, die uns durch dieses Jahr begleiteten.
Sei gelobt für alle selbstverständliche Verbundenheit in der Nähe.
Wir preisen dich auch für alle weiteren Zeiten der Begegnung:
Mit guten und komplizierten Freunden,
für die Stunden des Feierns und der Hochstimmung,
aber auch für die Zeiten, in denen wir es schwer miteinander hatten.
Lass aus allem dein Zukunftsheil wachsen.

Du weißt, wie wir das alles einordnen:
Als gelungene Zeit und vertane Zeit, als Glück und als Pech,
als Zeit der Seligkeit und als Prüfung.
Und die lange Zeit, über deren Wert wir uns ganz unschlüssig sind.
… manches ist noch nicht ausgestanden.
Wir nehmen Schätze und Belastungen mit ins neue Jahr.
Das Alte lassen wir nicht wohlgeordnet hinter uns.
Wir bitten Dich, dass uns das Alte nicht grämt und verhärmt,
dass wir dieses Jahr gut verabschieden können.
Es gehört ja dir, der du unsere Zeit erlöst.
So legen wir es denn mit Lob und Dank in deine Hand zurück.

Tantum ergo

GL 541 oder 542

Sakramentaler Segen

Der ewige Gott segne eure Tage und Jahre aus der Mitte seiner herzlichen
Liebe.

Kantor / Alle: Christus, Sieger ... (GL 564, 1)
In Christus ist die Frucht der Zeit gerettet in sein unvergängliches Reich.

Kantor / Alle: Christus, Sieger ...
Sein Geist mache euch gespannt und bereit, die Spur des Segens zu entdecken, die vor euch liegt.

Kantor / Alle: Christus, Sieger ...

Sakramentaler Segen

Schlusslied

»Maria, breit den Mantel aus« (GL 595) oder »Nun, Brüder, sind wir frohgemut« (GL Diözesananhänge)

22. Segen für die Zeit

Familiengottesdienst an Neujahr

Kurzablauf

Was?	Wer?
Eingangslied GL 158, 1–3	. . . .
Einleitung	. . . .
Stille	
jetzt erst GL 892 anschlagen und leise voran-spielen:	
Kyrie *mit 892 unterlegt*	. . . .
Gloria GL 143	. . . .
Tagesgebet.	. . . .
Lesung Jes 49, 13–16a	. . . .
Lied *Meine Zeit steht in deinen Händen + Sonderstrophen*	. . . .
Liedkatechese: Meine Zeit steht in deinen Händen	. . . .
Sprechmotette: Anfänger sein mit Segen	. . . .
Fürbitten	. . . .
Credolied GL 423 »Credo in unum deum« oder »Ich glaube an den Vater« (Sing!, 31)	. . . .
Gabenlied Von guten Mächten, Miteinander 209, (1, 2, 5, 6)	. . . .
Sanctuslied GL 469 oder Tochter Zion, 3	. . . .

Was?	Wer?
Agnus Dei GL 144, 3–5	. . . .
Kerzenkinder begleiten die Kommunion	. . . .
Während der Kommunion Instrumentalspiel	. . . .
Kommuniondank GL 138, 2, 7, 8	. . . .
Marienlob Nun, Brüder, sind wir frohgemut, GL LM 975, oder GL 595	. . . .

Eingangslied

GL 158, 1–3

Einleitung

Das Leben hat einen äußeren Bereich und einen inneren Kern. Im äußeren Bereich haben wir den Jahreswechsel mit viel Schall und Rauch gefeiert. Der eine mit mehr Schall und die andere mit weniger Rauch. Hier kommen wir zu Gott, weil wir unser Innerstes festmachen wollen an seiner ewigen Güte.

Stille

Dann Lied (Troubadour 6, 106 Herr erbarme Dich, 1. Zeile) anschlagen und leise voranspielen:

Kyrie

mit der Melodie von 106 sehr leise unterlegt

Mein Gott, der Zauber des Neubeginns
Herr, erbarme dich. *Alle:* Herr, erbarme dich.
Heiland der Welt, wie vieles ist kaputt!
Christus, erbarme dich. *Alle:* Christus, erbarme dich.

Kehre unsere Zeit zu dir.
Herr, erbarme dich. *Alle:* Herr, erbarme dich.

So lass uns im Fortgang der Zeiten deine vergebende Erneuerung erfahren, ja aufblühen als deine neue Schöpfung durch Christus, unseren Herrn.

Glorialied

GL 143

Tagesgebet

Vater im Himmel. Dein Sohn
begleitet uns durch die Tage und Jahre.
Hier hat unsere Zeit eine Mitte.
Was wir erleben und gestalten, ist beseelt.
Was wir miteinander wirken, ist erleuchtet
vom Zauber der neuen Anfänge,
den er uns aus deiner ewigen Liebe bringt.
Dein Geist sei die Initialzündung.
Mache uns Mut, Anfänger zu sein
und leidenschaftliche Sucher
nach der Spur der Herrlichkeit und Liebe.
Und selige Finder
für Zeit und Ewigkeit.

Lesung: Jes 49, 13–16a

Antwortgesang

»Meine Zeit steht in deinen Händen« (Troubadour 759. Nur die erste Strophe + Sonderstrophen zum Jahreswechsel:)
2. Heute gehen wir in die neue Zeit. Sind gespannt, was alles kommt. Manchmal hoffend, manchmal auch verzagt, Ewiger in deine starke Hand. Refrain

3. Uns're Wünsche für das neue Jahr schreiben wir getrost in deine Hand. Und du trägst uns, täglich neu und gut, birgst uns warm und segensreich. Refrain

Oder:

GL 732 (wenn Sprechmotette gewählt wird)

Liedkatechese: Meine Zeit steht in deinen Händen

Vorbereitung:
Rollen verteilen und einüben Gottesdienstleiter, 1. Kind, 2. Kind. Es muss nicht unbedingt ein Liedblatt gedruckt werden. Der Kehrvers auf 2 Plakaten geschrieben oder mit Overhead projiziert tut es auch. Dieser Kehrvers (Troubadour 759) ist auch das zentrale Element des folgenden Bausteins.

Gottesdienstleiter:
Wie fühlen Sie in Ihrer Seele den Jahreswechsel? Da tun sich zwei Fächer auf. Dem ersten könnte man die Überschrift geben: Kannste vergessen. Und dem zweiten die Überschrift: Das will ich aber unbedingt behalten. Behalten, erinnern, zum Vergessen zu schade … Was können wir tun, um etwas gut zu behalten?
Wenn ich die Kinderhände bei der Kommunion sehe, dann kommt mir da eine Erleuchtung. Manchmal sehe ich Geheimzeichen mit Kuli reingeschrieben. Also frage ich mal die Kinder: Was macht ihr, wenn ihr etwas gut behalten wollt, zum Beispiel eine Vokabel für die Schule?

1. Kind:
Also ich habe da so einen Trick. Wenn ihr mich nicht verratet, sage ich ihn euch weiter: Ich schreibe mir das Wort dann einfach in die Hand rein. *(Eventuell die beschriftete Innenhand zeigen.)*

Gottesdienstleiter:
Ehrensache, wir verraten nichts weiter. Und wir haben eben gehört, wie Gott das macht, dass er an die Menschen denkt und sie nicht vergisst: Gott sagt durch den Propheten Jesaja zu Jerusalem: »Sieh her, ich habe dich eingezeichnet in meine Hände.«

2. Kind:
(schlägt in der Bibel weiter) und im Psalm 31 betet jemand zu Gott: »Meine Zeit steht in deinen Händen.«

Gottesdienstleiter:
Danke für diese Auskunft aus der Bibel. Ein wunderbares Bild: Wir sind eingeschrieben in die Hand Gottes. Gott hat natürlich keine Hände. Und er braucht auch keinen Spickzettel. Und wir lesen auch nicht aus der Hand das Schicksal. Aber wir spüren doch die Wahrheit dieses Liebesworts: Ich habe dich in meine Hand geschrieben.

Die Orgel spielt jetzt sehr leise die Liedmelodie an (TR 759) und unterlegt die folgenden Worte damit:
Ich lade Sie alle ein, dass wir das auch mal machen. Wir legen unserem Nachbarn die Hand hin, und der soll uns etwas Liebes mit dem Finger in die Hand schreiben. – Ja, die Hand zum Nachbarn – machen wir das alle mal – und der schreibe mit dem Finger etwas Liebes rein. Einen oder mehrere Buchstaben, ein Symbol oder ein Geheimzeichen. Macht ihr das alle mal. Und jetzt umgekehrt. Wer die Schrift gefühlt hat, schreibt jetzt selbst dem anderen in die Hand.

Während der Aktion improvisiert die Orgel über das Liedthema. Zur anschließenden Meditation spielt sie ganz leise weiter.

Arbeitszeit
Anstrengungen
Stress
Geschätzte Arbeit
Bemäkelte Arbeit
Gelungene Arbeit
Arbeitslosigkeit

– Stille –

Ein wunderbares Bild: Meine Zeit steht in deinen Händen. Dass unsere Lebenslinien und Lebenserfahrungen eingeschrieben sind in die Hand Gottes. All das, was wir nicht vergessen wollen, ist dort eingeschrieben. Singen wir uns noch einmal in dieses schöne Lied hinein, in die Erinnerung der Hand Gottes.

Lied

»Meine Zeit steht in deinen Händen« (Troubadour 759. Nur die erste Strophe.)

Alternativ: Sprechmotette: Anfänger sein mit Segen

Vorbereitung: Akustik (zwei Mikros?) klären. Ein Sprecher kann ein Kind sein.

Sprecher 1: Warum teilen wir die Zeit in Jahre ein? – Wir möchten hier nicht die Methoden vorrechnen, wie die Menschheit den Kalender macht.

Sprecher 2: Wir nehmen einfach den Jahresanfang als Chance. // Mir tut es gut, öfter mal wieder Anfänger zu sein // Euch auch? Oder sind wir gesättigt und abgebrüht in der Einbildung, Könner zu sein? Anfänger sein, das hat was!

Sprecher 1: »Anfänger« – das kann ein sattes Schimpfwort sein. Etwa aus dem Munde eines Autofahrers »Anfänger! – du hast wohl deinen Führerschein auf der Baumschule gemacht?!«

Sprecher 2: Unser Herz weiß aber auch um den guten Klang des Anfangs. Etwa mit den Worten von Hermann Hesse, die manche von Ihnen auswendig können: »Und jedem Anfang wohnt ein Zauber inne, der uns beschützt und der uns hilft zu leben.«

Sprecher 1: Jesus liebt die Anfänger. Wem immer er begegnet, sei er noch so abgebrüht und angeblich zeiterfahren – Jesus eröffnet ihm das Wunder des Anfangs. Zachäus, Nikodemus, der Blinde, der Gehörlose, die Frau am Brunnen. Das Wunder und den Glanz des Anfängerseins legt er bei ihnen frei.

Sprecher 2: Dieses Schultütengefühl – kennen Sie es von dem Foto des ersten Schultages?

Sprecher 1: Diese Schrittbeflügelung. – Kennen Sie die von den ersten Schritten aus dem Krankenhaus?

Sprecher 2: Dieses Kribbeln in der Seele – Sie kennen es von der ersten Liebe.

Ins neue Jahr

Sprecher 1: Dieses Ärmelaufkrempeln. – Nichts wie ran. Sie kennen es vom ersten Schritt in die neue, leere Wohnung.

Sprecher 2: Dieses Herzpochen. – Sie kennen es von den ersten Tagen im Beruf?

Sprecher 1: Diese frisch gewaschenen Augen. – Kennen Sie die vom ersten Blick auf den Urlaubsort?

Sprecher 2: Dieses Zögerliche. Sie kennen es von den ersten Atemzügen in der gereinigten Luft nach einer schweren Krise?

Sprecher 1: Diesen Anfängerstolz. – Sie erinnern sich an die ersten Worte in einer neuen Sprache, an das erste Lied mit der Flöte, an die ersten Meter auf den Inlinern?

Sprecher 2: Eigentlich macht uns Jesus an jedem Tag zum Anfänger. Besonders aber heute an Neujahr.

Sprecher 1: Wir wünschen uns allen den Segen und Zauber des Neuanfanges.

Sprecher 2: Und das Glaubensvertrauen, gerne und mit klopfendem Herz in diesem Jahr gesegnete Anfängerinnen und Anfänger zu sein.

Fürbitten

(bitte auswählen!)

Gottesdienstleiter:
Allmächtiger Gott. Die Zeit ist weitergegangen. Und wir nennen das den Beginn eines neuen Jahres. Es ist so vieles in diesem Beginn, was uns am Herzen liegt. Wir gründen es im Großwerden deines Sohnes. Und stellen uns in den Zeitsegen Mariens hinein.

Lektor:
Die Menschen, die mit Krisenängsten in das neue Jahr gehen, sollen zuversichtlich werden.

Kantor: Maria, wir rufen zu dir. – *Alle:* Mutter Gottes, wir rufen zu dir.

Dass wir Mut fassen auf die Ewigkeit hin.

Kantor: Maria, wir rufen zu dir. – *Alle:* Mutter Gottes, wir rufen zu dir.

Dass wir viele Tage beginnen mit der Freude auf die Zukunft, die Gott mit uns vor hat.

Kantor: Maria, wir rufen zu dir. – *Alle:* Mutter Gottes, wir rufen zu dir.

Über die verpassten Chancen des letzten Jahres möchten wir uns nicht mehr grämen.

Kantor: Maria, wir rufen zu dir. – *Alle:* Mutter Gottes, wir rufen zu dir.

Unsere Ehen und Partnerschaften brauchen Segen. Lass uns gut im Gespräch bleiben.

Kantor: Maria, wir rufen zu dir. – *Alle:* Mutter Gottes, wir rufen zu dir.

Dass wir im neuen Jahr die Einheit der Christenheit nicht versäumen. Stärke die Christen in allen Kirchen zu entschiedenen Schritten auf diese Einheit hin.

Kantor: Maria, wir rufen zu dir. – *Alle:* Mutter Gottes, wir rufen zu dir.

In unserer Gemeinde könnte die Liebe noch klarer strahlen. Dass wir sie leuchtend vorlassen in uns und sie einander bezeugen.

Kantor: Maria, wir rufen zu dir. – *Alle:* Mutter Gottes, wir rufen zu dir.

Wir spüren rechts und links von uns das Geleit guter Menschen, die mit uns in dieses neue Jahr gehen. Dass wir solche Gemeinschaft erleben, wie du sie von deinen Freunden willst.

Kantor: Maria, wir rufen zu dir. – *Alle:* Mutter Gottes, wir rufen zu dir.

Wer Vorsätze fasst, der soll sie eingebettet wissen in das Vertrauen auf deine Hilfe.

Kantor: Maria, wir rufen zu dir. – *Alle:* Mutter Gottes, wir rufen zu dir.

Wir bitten dich für unsere Familien. Besonders für die, denen die familiäre Einheit zerbrochen ist.

Ins neue Jahr

Kantor: Maria, wir rufen zu dir. – *Alle:* Mutter Gottes, wir rufen zu dir.

Es gibt Menschen, die spüren, dass dieses Jahr ihr letztes sein kann auf dieser Erde. Komm ihnen entgegen mit deiner Güte.

Kantor: Maria, wir rufen zu dir. – *Alle:* Mutter Gottes, wir rufen zu dir.

Hilf den Kinder und Jugendlichen, dass ihr Zutrauen zu der neuen Zeit nicht ins Leere läuft.

Kantor: Maria, wir rufen zu dir. – *Alle:* Mutter Gottes, wir rufen zu dir.

Die Künstler und Journalisten helfen uns, diese Welt zu meistern. Dass sie gute Erinnerungen festhalten und hoffnungsvolle Neuanfänge stiften.

Kantor: Maria, wir rufen zu dir. – *Alle:* Mutter Gottes, wir rufen zu dir.

Gottesdienstleiter:
So lass uns dieses neue Jahr unter dem mütterlichen Segensgeleit Mariens gedeihen zu deiner Ewigkeit hin.

Credolied

GL 423 »Credo in unum deum« oder »Ich glaube an den Vater« (Sing!, 31)

Lied zur Gabenbereitung

»Von guten Mächten treu und still umgeben« (Strophen 1, 2, 5, 6)

Sanctuslied

GL 469 oder »Tochter Zion« (3. Strophe)

Agnus Dei

GL 144, 3–5

Kerzenkinder begleiten die Kommunion.

Kommuniondanklied

GL 138, 2, 7, 8

Neujahrssegen

Messbuch 539

Entlassungswort / -lied

Auf dem Sendungsweg ins neue Jahr besingen wir die Heilsgemeinschaft mit der Gottesmutter:

Lied GL 595, oder »Nun, Brüder, sind wir frohgemut« (GL Diözesananhang LM 975), oder »Segne du, Maria«

23. Unter einer Decke

Erscheinung des Herrn

Kurzablauf

Was?	Wer?
Eingangslied »Stern über Bethlehem« oder Troubadour 495	. . . .
Bußritus	. . . .
Kyrierufe GL 401	. . . .
Gloria GL 426 oder »Hört der Engel helle Lieder« (TR 490)	. . . .
Psalm GL 153, 1; V. 1–6	. . . .
Halleluja GL 155, oder »Freu dich, Erd und Sternenzelt« (GL Diözesananhänge)	. . . .
Bildmeditation oder Dialogpredigt oder Sterngedicht	. . . .
Credolied »Ich glaube an den Vater« (Sing!, 31)	. . . .
Lied zur Gabenbereitung GL 132	. . . .
Sanctuslied GL 138, oder 403	. . . .
Lied vor der Kommunion, GL 140	. . . .
Kerzenkinder begleiten die Kommunion	. . . .
Kommuniondank	. . . .
Segen	. . . .

Aufschluss

Die verschiedenen Gestaltungsmöglichkeit richten sich nach der Beteiligung und Aussendung der Sternsinger. Man wird auch das aktuelle Material der Sternsinger-aktion mit einbeziehen.
Hier sind zwei Vorschläge angefügt für eine Taufe und eine Goldhochzeit im Stern-singergottesdienst.

Eingangslied

»Stern über Bethlehem« oder TR 495

Liturgische Begrüßung

Im Namen des Vaters ...
Erschienen ist die Güte und Menschenfreundlichkeit Gottes als Heil für alle Menschen in Jesus Christus.
Der Herr sei mit euch ...

Einführung

Erscheinung des Herrn – mit diesem Motto steht heute noch einmal das Grundgeheimnis des Christentums über diesem Gottesdienst.
Die Ostkirchen feiern heute erst Weihnachten. Denn der 24. Dezember ist ihnen zu sehr mit außerchristlichem Ballast beladen. So kann uns dieser Gottesdienst eine neue Chance sein, die Menschwerdung Christi noch einmal zu beherzigen. Dass wir sie noch einmal feiern und in die Tat umsetzen. Eine neue Chance deshalb, weil das ganze Drum und Dran von Weihnachten hinter uns liegt.

Heute soll das tiefere Geheimnis noch einmal unter dem Bild des Lichtes betrachtet werden. Jesus Christus als das Licht der Welt. Er leuchtet aus Gott. Er erhellt, wie Gott ist. Und wie wir sein können.

Bußritus

Alternativ: Kyrierufe GL 129

Gottesdienstleiter:
Oft werden wir erst aufmerksam auf Christus, das Licht der Welt, wenn wir ihm im Weg stehen. Wenn wir spüren, dass wir anderen im Licht stehen. Dass wir ihnen das Licht verdunkeln. Besinnen wir uns deshalb auf die Licht- und Schattenseiten unserer Lebenserfahrung.

Sprecher:
Herr, Jesus Christus, du bist nicht erschienen, um uns zu blenden und zu ängstigen. Sondern um die Barmherzigkeit Gottes sichtbar zu machen.

Kantor / Alle: Kyrie eleison (GL 401, nur 2. Zeile)

Du bist nicht gekommen, um den glimmenden Docht auszulöschen. Sondern du hast unsere Atemnot geteilt und uns neue Luft gegeben.

Kantor / Alle: Christe eleison

Obwohl du nicht mit großem Pomp und Glanz aufgetreten bist, hat keine noch so große Finsternis das kleine Licht deiner Liebe auslöschen können.

Kantor / Alle: Kyrie eleison

Gottesdienstleiter:
So bitten wir durch dich den Vater: Der allmächtige Gott erbarme sich unser, er lasse uns unsere Sünden nach und führe uns zum ewigen Leben.

Gloria

GL 426 oder »Hört der Engel helle Lieder« (TR 490) – *Die Strophenzeilen dieses Liedes kann man schön zwischen Frauen: 1. Zeile, und Männern: 2. Zeile als Echo aufteilen. Den Gloria-Refrain singen dann alle gemeinsam. Entscheidend dabei ist die differenzierte Registrierung der Orgelunterstützung.*

Psalm

GL 153, 1; V. 1–6

Bildmeditation

Die drei Weisen liegen unter einer Decke. Einer prachtvollen, könig-
lichen Decke. Das ist keine Knautschdecke. Sondern diese Prachtdecke –
im beeindruckenden Halbrund ist sie über sie gebreitet. In dieser Decke
steckt etwas von der Ruhe und Tiefe des Schlafes. Unser seelisches Leben
ist wie ein Eisberg. Ein Sechstel an der Oberfläche, fünf Sechstel in der
Tiefe. Diese Decke sagt uns etwas von der gemeinsamen, unbewussten
Tiefe der menschlichen Seele. Jedem von uns ist seine eigene Tiefe verhüllt. Aber das Dunkel dieser unbewussten Tiefe eint uns auch. Wir teilen alle etwas von den Ängsten, etwas von der Geborgenheit. Deshalb
liegen die drei wohl unter einer Decke. Ja, sprichwörtlich stecken sie unter einer Decke.

Ins neue Jahr

»Von guten Mächten wunderbar geborgen, erwarten wir getrost, was kommen mag.« So beschwört Dietrich Bonhoeffer das gemeinsame Unbewusste der Glaubenssucher. Wir teilen aber auch noch manche unerlösten Reste des gemeinsamen Unbewussten. Im Alten Testament heißt es einmal: »Ich lege eine Decke über die Völker, verhülle ihr Wesen.« Das ist also das Menschsein: In der gemeinsamen dunklen Tiefe verhüllt. Die Decke birgt wohl auch manche Sorgen und schweren Träume.

Das Halbrund der Decke sagt uns noch etwas: Bei den vielen halbrunden Falten darf man sich die Ergänzung nach oben dazu denken. Oben sind die Bahnen der Gestirne, die ganze sichtbare Welt, die in harmonischen Bahnen läuft. Die Decke unten ist nur die Entsprechung der himmlischen Sphären. Es sind nämlich Weise, die da schlafen. Leute, die sich in der Harmonie der sichtbaren und unsichtbaren Welt geborgen wissen. Heute ist unser naturwissenschaftliches Weltbild nicht immer so symmetrisch. Von Harmonie ist kaum zu sprechen, und auch die Psychologie bringt kaum Ruhe und Ordnung in die menschliche Tiefe. Aber wenn wir heute die drei Könige, die unter einer Decke stecken, betrachten, darf sich auch in uns Vertrauen anreichern, dass es eine Entsprechung gibt. Zwischen der Welt, die uns überwölbt und unterfasst, und unserem Innern. Ja, dass eine Harmonie möglich ist. Auch heute dürfen wir im Unbehausten dieser aufgeklärten Welt uns der Weisheit der unterbewussten Bilder anvertrauen.

Schauen Sie, die haben ihre Kronen ja selbst im Schlaf auf. Diese weisen Könige. Unsere Träume geben uns eine Würde. Auch darin ruht das Bild. Lassen Sie sich tragen von dieser heilsamen Ruhe. Von dieser Geborgenheit aus der Tiefe. Von dieser Stirnahnung der Würde.

Das ist die Traumdimension dieses Bildes.
Da ist aber noch der Weckruf.
Da ist noch der Engel.
Da ist noch der Stern.
Der Engel rührt den König an. Tippt ihn an. An der kleinen Fingerspitze des Königs und zeigt auf den Stern des Messias. So rührt Gott uns an. Tippt uns ganz leise am kleinen Finger an. Weckt uns aus unserem Schlaf. Ruft uns aus unserer blinden Verhüllung. Zeigt uns die Hoffnung. Das Licht der Welt. Christus. Auch dann, wenn wir meinen, es sei kein Stern, der leuchtet. Wenn unsere Hoffung verhüllt ist wie unter einer

Decke. Der starke Arm Gottes wirkt mit Macht in diesem leisen, sensiblen Fingertipp.

Gottes zärtliche Aufweckideen. Für mich. Und für die, mit denen ich »unter einer Decke stecke«. Uns verbindet mehr als unsere verbalen Gemeinsamkeiten. Die Verschworenheit der starken, unausgesprochenen Träume und Ideale.

Wie wird der erste König wohl den Aufwachtipp weitergegeben haben? Wie geben wir die göttliche Verheißung weiter? Mit Schütteln und Rütteln? Mit den Ellbogen? Oder mit dem leisen Fingertipp? Mit der sensiblen Berührung? Mit einer Bewegung, die die ganz feinen Leitungen nicht zerreißt, über die Gott uns elektrisiert.

Unsere Weisheit oder Dummheit ist es also nicht, die uns weiter bringt. Sondern der Finger Gottes, der uns leise antippt: Du, lass' dich nicht so hängen. Tauch' auf aus deinem Dunkel. Blinzle dich in die Offenbarung des Tages hinein. Mach die Augen auf, schau, was ich dir zeige: Den, der heilt. Den, der Licht ist. Den, der das Zauberwort der guten Träume anspricht. Der, den der das entscheidende Wort in deinem Leben ist. Deine Welt, dein Leben ist nicht fertig, sondern nach vorne offen. Das ist dein Weg. Er steht unter einem guten Stern. Dort wartet der Christus. Auf, ihm entgegen!

Alternative: Dialogpredigt mit den Sternsingern

Gottesdienstleiter: Ihr weisen, gekrönten Häupter. Wir freuen uns, dass ihr bei uns seid. Wir möchten etwas lernen von euch. Wie man sich auf einen so langen Weg macht. Was ist da zuerst zu beachten?

König 1: Also zuallererst ziehen wir uns schon mal warm an. Ich habe einen ganz dicken Pullover unter dem Königsgewand. Und der Balthasar hat Funktionsunterwäsche an. Bitte nicht weitersagen.

Gottesdienstleiter[1]: Guter Tipp. Die Kirchenweisen müssen sich wohl auch warm anziehen. Je nachdem, was das Volk Gottes ihnen in dem Dialogprozess sagt.

---

[1] Die folgenden Gesprächsteile kann auch ein Gruppenleiter der Sternsinger übernehmen.

König 2: Wichtig ist auch, dass wir strahlen. Manche meinen, wir würden das daheim vor dem Spiegel üben. Stimmt aber nicht. Ich stelle mich daheim ans Krippchen und schaue das Jesuskind lange an. Dann merke ich, wie das Strahlen anfängt.

Gottesdienstleiter: Ja, das ist eine gute Idee. Kann ich nur weiter empfehlen: Jeden Tag die Seele in die Sonne Jesu halten, dann sammelt die Seele Licht und gibt es strahlend weiter. Wie so ein Stern.

König 3: Wenn wir dann unterwegs sind, dann gibt der eine Stern eine Rückbesinnung. Der sagt noch mal: Boah, das waren aber nette Leute. Und der andere sagt. Die im nächsten Haus, die kenne ich. Der Mann ist krank, und die Frau kann kaum vor die Tür. Da müssen wir den Stern besonders hoch halten und schön singen. Und da ist noch unser Gruppenleiter. Der sagt uns, wo's lang geht. Denn, ehrlich gesagt, nur auf den Stern können wir uns nicht verlassen, weil soviele andere Lampen leuchten.

Gottesdienstleiter: Damit gebt ihr uns einen guten Impuls. Wir teilen uns auf mit unserem Hinschauen. Der eine schaut, wer Hilfe und Trost braucht, und der andere gibt die Orientierung weiter.

König 4: Und dabei wechseln wir uns ab. Schließlich haben wir auch einen besonderen Weisen. Das ist nicht der stinkende Kameltreiber, sondern das ist der Mediator.

Gottesdienstleiter: Was ist das denn?

König 5: Ja, der macht Mediation, nicht Meditation, sondern Mediation. Verstanden? Das heißt, er sucht mit uns einen guten Ausweg, wenn wir uns streiten.

Gottesdienstleiter: So, das kommt auch schon mal vor. Da geht es den Königen wie den Leuten. Dann habt ihr auch eine Weisheit der Vermittlung und Versöhnung. Oh, die brauchen wir in vielen Häusern und in der Kirche auch. Wir wünschen euch und den Leuten, die ihr besucht, dass alles unter einem guten Stern steht. Was haben wir heute von euch gelernt?

König 1: Zieht euch warm an.

König 2: Tankt das Strahlen auf.

König 3: Einer schaut zurück.

König 4: Und einer voraus.

König 5: Und der Mediator schlichtet.

Gottesdienstleiter: Viel Weisheit für unsere Kirche auf dem Weg. Amen.

Fürbitten[2]

Gottesdienstleiter: Allmächtiger Gott. Immer wieder brechen Menschen auf in das Abenteuer des großen Suchens nach dir. Das Lebenswissen der Völker sucht nach deinem guten Stern. Wir bitten dich:

König 1: Orientiere unsere Träume und unsere Hoffnungen in der Spur der Liebe. Erhelle unsere Herzen und erwärme unsere Erfahrungswelten. Geleite uns unter dem guten Stern deines Segens.

Kantor / Alle: Fürbittruf

König 2: Betet mit mir für die Kinder in …[3] Um tragfähige Brücken des Friedens. Um Hilfen für die Gesundheit, die Bildung und die Geborgenheit der Straßenkinder.

Kantor / Alle: Fürbittruf

König 3: Dass wir Christen die Würde der Menschen in den anderen Kulturen achten und schätzen.

Kantor / Alle: Fürbittruf

König 4: Fast ganz Afrika leidet unter den Folgen von Terror, Seuchen und Gewalt. Dass eine neue Generation heranwächst, die dies überwindet.

Kantor / Alle: Fürbittruf

König 5: Auch im Heiligen Land ist noch kein richtiger Friede. Dass in so viel schlimmen Erfahrungen der Friede stärker wird.

Lektor: Wenn die Kinder die Häuser segnen, dann lass unser Miteinander darin gedeihen.

---

[2] Die Fürbitten können auch entfallen zugunsten des Aussendungsteils am Schluss.

[3] aktuelles Projektland der Sternsinger

Ins neue Jahr

Kantor / Alle: Fürbittruf

Gottesdienstleiter: Denn du bist mit uns unterwegs. Damit deine Güte und Menschenfreundlichkeit, die unter uns erschienen ist, Frucht bringt. Hab' unseren Dank dafür in unseren Tagen und bis in Ewigkeit.

Credolied

»Ich glaube an den Vater« (Sing!, 31), oder GL 423 *(mit Hinknien zu den inkarnatorischen Artikeln)*

Lied zur Gabenbereitung

GL 132

Sanctuslied

GL 138, oder 403

Lied vor der Kommunion

GL 140

Kerzenkinder begleiten die Kommunion.

Kommunionmeditation

Ja, o Herr,
die Füße der Boten will ich küssen,
die sich aufmachen zu dir.
Der Staub, der ihnen anhängt,
sowie der Glanz der Kronen
ziehen mich in deinen Bann.

Welten machen sich auf zu dir.
Und ich bin dabei,
unterwegs mit den Suchern,
den Traum der Seher beschwörend.
Vom Engel geleitet,
unter einem guten Stern.

Und da wir mit blauen Fingern
anklopfen und Segen schreiben,
trage dein Geheimnis ein
über den Schwellen.

Den Füßen Ahnung zu geben,
die trippeln und stolpern und schlingern
von der Herrlichkeit der schenkenden Wege.
Und den Knien ein ruhendes Ziel
in der Anbetung deiner Gnade.

Kommuniondank

Die Sternsinger singen ihr Lied (mit der Gemeinde)

Segenswort

Gott gebe euch seinen Segen mit,
die Weisheit der Sucher tue sich auf.

Ruft das Heilandslicht in den Häusern wach,
die Jesusliebe erfülle die Träume.

Sein Geist ziehe ins Wohnen ein
und beflügle das Gehen.

So segne euch und die Leute, die ihr besucht, der allmächtige Gott ...

Bei einer Taufe im Sternsingeraussendungsgottesdienst[4]

5 Sterndeuter gratulieren zur Taufe mit einem Stern. (Die Stichworte können auf den Stern geschrieben werden, und die Gedichte kann man als Präsent für die Tauffamilie ausdrucken.)

⋆ **Weisheit** ⋆
Ich bin der Weisheit guter Stern,
folge mir nur oft und gern.
Die Welt ist nicht immer sehr gescheit,
dumme Lichter leuchten breit.
Lass dich nicht davon verblenden,
dazu schick ich dir mein Licht,
dann gehst du verloren nicht.
Trau dem Strahl von diesem Stern,
auf die leisen Stimmen darfst du hörn.
Dein Herz merkt schon der Weisheit Spur,
genier dich nicht, folge ihr nur.
Der liebe Gott hat dich sehr gern,
drum schickt er dir der Weisheit Stern.

⋆ **Freunde** ⋆
Wenn du jemand Liebes bräuchtest,
weil sonst kein Stern da ist, der leuchtet,
sollst du gute Freunde finden,
die sich gut mit dir verbinden.
Wie gut ist es, liebe Menschen zu kennen,
dann brauchst du nicht allein zu flennen.
Freundschaft darfst du immer pflegen,
sie bringt dir ihren reichen Segen,
wenn du dringend jemand brauchst,
weil das Leben dich so schlaucht.
Denn gute Freunde haben dich gern.
Lebe auf unter diesem guten Stern.

---

[4] Man kann die *Stichworte* groß auf die einzelnen Sterne schreiben und die Strophen als Spickzettel hinten aufkleben.

★ Vertrauen ★

Deine Eltern haben sich getraut zu dir,
drum leuchtet dieser Stern heut hier.
Vertrauen will er dir stets schenken,
und dein Leben in Zuversicht lenken.
Wer weiß, was du alles erleben wirst,
welche Gefühle du mit dir führst.
Wohl wird es auch Frustportionen geben
in deinem spannenden Frauenleben / Männerleben.
Nie aber soll es dich treiben dahin,
dass du ganz verzweifelst am Sinn.
In dein Wesen legt Gott ganz tief das Vertrauen,
auf dieses Fundament kannst du bauen.
Und andern Mut zum Leben machen,
an guten und an schweren Tagen.

★ Liebe ★

Ich will mich ja nicht wichtig tun,
aber mit meinem Stern, da kriegst du nun
das Allerwichtigste in deinem Leben,
so wie es Gott dir hat gegeben:
L i e b e mache dein Leben hell,
ob es langsam geht oder schnell.
Jeden Tag darfst du mein Licht verspüren,
dich an der Liebe orientieren.
Und wenn die andern Stern' verblassen,
ich scheine dich an – kannst Mut du fassen.
Koste der Liebe Seligkeit,
wirf sie nicht weg in Schwierigkeit.
Lebe auf in ihrer Glut,
dann wird alles, alles gut.

★ Gott suchen ★

Deiner Abenteuerseele
soll dieser Stern hier niemals fehlen.
Zum Gott Suchen bist du geboren,
damit du niemals gehst verloren.
Der Gottesstern versteckt sich manchmal,
will erkundet werden, nicht nur einmal.

Und er findet dich mit seinem Licht
und leuchtet dann von innen schlicht.
Seine Güte und Nähe sollen dir nie fehlen,
du darfst von seinen Wundern erzählen.
Du musst die Welt nicht alleine retten
aus den schlimmen Unheilsketten,
aber der Heiland wird dich brauchen,
um dem Bösen den Schneid abzukaufen.
Der Himmel freut sich über unser Taufen,
die Engel singen im Sternenhaufen.
Und wenn du hast den Lebenslauf vollendet,
geh ein in sein Leben, das niemals endet.

Bei einer Goldenen Hochzeit im Sternsingergottesdienst

1. König ohne Stern:

Wir haben das Jesuskind sehr verehrt.
Da haben wir etwas Schönes gehört
von dem Liebespaar in dieser Gemeinde,
das Gott 50 Jahre lang vereinte,
um zusammen durch das Leben zu gehen.
Da wollen wir hin, das wollen wir sehen.

2. König ohne Stern:

Ja, sagt uns unser guter Stern,
Gott hat das Jubelpaar so gern,
dass er ihm fünf Sterne gleich geschickt,
damit das Lieben ihnen glückt.
Sie haben Segen in ihr Leben getragen,
hört, was die Sterne heute sagen.

Stern der Zufriedenheit:

Ich bin der Stern der Zufriedenheit,
geleuchtet hab' ich euch alle Zeit,
und dieses Licht könnt ihr gut behüten
in dem gemeinsamen Herzensfrieden,
der euch trägt jahraus, jahrein.
Das ewig Licht schaut da herein.

Ich will euch weiter gern begleiten,
in fitten und in schwachen Zeiten.
Auf dass ihr nicht schnäubig werdet im Alter,
sondern beschwingt, wie ein Schmetterlingsfalter,
durch Wehwehchen und starke Zeiten,
den Frieden weiter wollt verbreiten.

Stern der Arbeit:
Den Stern der Arbeit trag ich hier ganz gerade,
denn ihr wart euch nie zu schade
kräftig anzupacken, wo man euch brauchte,
in Beruf und Haus, damit der Schornstein rauchte.
In kargen Zeiten habt ihr euch abgerackert,
und bis heute ist sie nicht verflackert,
die Freude an der Arbeit von früh bis spät,
auch wenn es jetzt etwas langsamer geht.
Ihr würdet gerne weiter so emsig sein,
doch da ist so manches Zipperlein,
weshalb ihr besser mal langsamer tut.
Verliert bitte darüber nicht den frohen Mut.
Jetzt sollen mal die Jungen die schweren Sachen anfassen,
denn es ist keine Schande, sich helfen zu lassen.
Ich Arbeitsstern leuchte euch so weiter,
mach euer Herz von innen heiter,
die verdiente Ruh sei euch gegönnt,
damit ihr den Alterssegen gut kennt.
Der Herr liebt die praktischen Anpacker sehr,
im Himmel belohnt er euch sicher noch mehr.

Stern des Gesprächs:
Den dritten Stern bringe ich hell herein,
miteinander gut im Gespräch zu sein.
Das ist euch immer wieder gut gelungen,
mein Leuchten hat euer Reden und Hören durchdrungen.
Man muss ja nicht immer Volksreden halten,
kurz und bündig lässt sich's auch gestalten.
Vielleicht gab's auch mal Sendepausen,
deshalb tut ihr euch aber nicht vergrausen.
Ihr habt euch ja noch viel zu sagen,

und denen, die das Alter mit euch tragen,
viel zu erzählen aus reichem Leben.
Mein Schein will euch dazu Anregung geben.
Erzählt den Jungen, wie's damals war,
beim Jawort vor dem kargen Altar.
Wie ihr euch konntet von Herzen trauen,
anstatt auf Wohlstandsstress zu schauen.
Und wie Gott euch geführt hat durch dick und dünn,
bis zu diesen Tagen hin.
Den Jungen tun solche Vorbilder gut,
so mancher braucht Nachhilfe in seinem Mut,
die Beziehung unter den Ehestern zu stellen.
So leuchte ich gerne den Langsamen und Schnellen.
Und will euch weiter mein Gesprächslicht schenken,
wenn ihr müsst ans Altwerden denken.
Im ersten Wort war Segen schon,
auch im letzten soll klingen ein guter Ton.

Stern der Versöhnung:
Hier komme ich Versöhnungsstern an,
denn ich bin dann immer dringend dran,
wenn kein Stern mehr zu leuchten scheint,
weil man sich im Zoff verweint.
Ich weiß, es wird nur mit Wasser gekocht,
auch wenn man sich so sehr gemocht,
niemand ist auf Erden perfekt,
und manchmal hast du 'nen blinden Fleck.
Und verrennst dich ganz unausgegoren,
der Liebe geht der Glanz verloren.
Das ist dann mein spezieller Job.
Im Hoffnung machen bin ich top,
denn ich soll das Licht von Jesus bringen.
Davon können viele ein Liedchen singen,
wie die Liebe wird erneuert
und heimlich manch neuen Anfang feiert.
Das sind die wunderbaren Sternstunden,
wo verlorene Liebe wird wieder gefunden.
Ich kann euch ja hier vom Himmel verraten,
dann gibt's für Sterne und Engel Sonntagsbraten.

Wir feiern ein himmlisches Versöhnungsfest,
wenn's wieder stimmt im Ehenest.
So leucht ich euch weiter funkelnd heim
mit herrlichem Versöhnungsschein.

Stern der Gebets:
Ich fünfter Stern, leucht' euch gerne still,
weil ich euer Beten und Singen hell machen will.
Die starken und die schwachen Hände,
die falten sich zum Anfang und zum Ende.
Manchmal lobt ihr Gott gemeinschaftlich,
manchmal jeder für sich ganz heimlich.
Jedenfalls lässt Beten die Liebe gedeihen,
es gibt euch Licht seit euerm ersten Freien.
Lasst weiter den Himmel in eure Beziehung herein,
dann leucht' ich euch mit meinem Schein.
Der liebende Gott hat noch viel mit euch vor,
drum singt euch auch der Kirchenchor.
(singen wir heute für euch im Chor)
Mit eurem Singen kommt ihr oft ins Beten,
das ist viel besser als vieles Reden.
Der Gebetsstern soll euch weiter erhellen,
denn solche Paare sind gute Zellen
einer Zukunft mit viel Segen,
so dürft ihr euer Gebetsleben pflegen.

1. König ohne Stern:
Die fünf sind zusammen ein großer Stern
und leuchten euch von Jesus, dem Herrn,
wie an der Krippe ins Herz hinein.
Das soll euch täglich zum Segen sein.
Und wenn mal kommt der letzte Tag,
dann seid dabei nicht klamm verzagt.
Ihr braucht die Sterne nicht zu missen.
Sie leuchten weiter, das dürft ihr wissen.
Bis zum himmlischen Hochzeitsmahl
mit Gott und Euren Lieben all.
Amen.